돈이 쌓이는 가게의
시간 사용법

1인 회사도 대기업도 따라하는

나이토 고 지음 | 정지영 옮김

돈이 쌓이는 가게의

시간 사용법

세종

기업 경영에서 시간은 무엇을 의미할까?

기업을 돈과 시간, 사람을 축으로 부가가치를 창조하는 조직이라고 본다면, 시간은 기업에 너무나 중요한 한 가지 축이며 자원이다.

생산과 제조를 포함한 경영 전반에서 시간을 단축할 수 있다면, 기업은 시장에서 그만큼의 경쟁우위를 달성할 수 있을 것이다.

그렇다면 시간은 어떻게 단축할 수 있는가? 생산시간을 객관적으로 측정하고 분석할 수 있는 제조업처럼 서비스업에서도 시간단축을 정량화할 수 있을까? 또한 무조건적인 근무시간, 생산시간의 단축이 최선의 방법일까?

이 책은 이러한 과제를 해결하기 위해서 1인 가게부터 대기업까지 서비스업의 생산성을 높이고 시간을 줄이는 방안을 제시한다.

생산과 제조 분야의 전통 강국인 일본은 오래전부터 생산성과 품질을 높이기 위해 매진하며 여러 산업 분야에서 글로벌 경쟁력을 확고히 했다. 그러나 21세기가 되면서 선진국을 중심으로 부가가치를 극대화하는 방향으로 산업이 급속히 재편됐고, IT와 소프트웨어, 금융, 서비스 산업이 국가 경쟁력을 좌우하는 핵심 요소로 부각됐다. 특히 서비스업은 전 세계 모든 국가들이 그 중요성을 무시할 수 없는 산업으로, 갈수록 영향력이 커지고 있다.

서비스업은 인간의 욕구를 자극하면서 부가가치 창출에도 기여하는 미래지향적인 산업이다. 인공지능 기술의 발전은 생산 제조 분야의 공장 자동화로 이어지고, 이로 인해 남는 노동력은 인력이 필요한 서비스업으로 흘러들어간다. 이는 향후 서비스업에서 일자리를 두고 더욱 극심한 경쟁이 벌어질 것을 예고한다. 조만간 사람의 힘을 필요로 하던 일자리까지 인공지능 로봇에 양보하는 날이 올지도 모른다. 하지만 고객을 세심히 배려하고 다양한 요청에도 성심성의껏 대응하는 일은 사람이 기계보다 나을 수 있기 때문에, 모든 인적 서비스를 기계가 대체한다고 확신하기는 어렵다.

비제조업 분야의 생산성 향상을 처음으로 체계화한 저자는 비용과 인원을 줄이지 않아도 서비스업에서 생산성을 높일 수 있다고 주장한다. 저자는 공학박사면서 일본 경제산업성 산하 산업기술종합연구소 직원으로 2008년부터 일본 내 서비스 산업의 생산성 향상을 과제로 철저한 현지 조사를 해 왔다. 이로써 경험과 감에만 의존했던 현장에서 노동력 낭비를 최소화하며 고객을 만족시키고 매출을 늘릴 수 있는 체계적인 운영 방식을 모색했다. 제조업에서 품질 향상과 생산성 향상이라는 두 마리 토끼를 잡아 글로벌 경쟁력을 구축한 일본의 경험이 녹아든 아이디어다.

특히 한국에서 본격적으로 시행되는 '주 52시간 근무제'와 '최저임금제'에 따른 고임금화, 온라인 유통과 서비스 확대 등의 변화는 그동안 지속적으로 요구된 서비스업의 생산성 향상과 경영 혁신을 절실히 필요로 한다. 이 책은 이런 주제를 시의적절하게 다루며 유익한 답을 내놓고 있다.

한국과 일본은 직원들의 근무 환경과 서비스 마인드, 직장 내 조직 문화가 다른 면도 있지만, 직원 간 업무 제휴를 통한 멀티태스킹화, 현장 상황에 맞춰 근로시간을 변경하는 노동제도, 데이터에 기반한 생산성 향상 등의 주제는 국가에 상관없이 서비스 혁신을 위해 매우 필요한 내용이다.

한국처럼 비수기, 성수기의 구분이 확실하고 사계절이 뚜렷한 데 더해 출퇴근 시간이 고정된 노동 환경, 심지어 정치적 환경까지도 수요에 민감하게 영향을 미치는 서비스 산업의 현실에 비춰 볼 때, 저자의 주장은 여러모로 와닿는다. 한가한 시간과 바쁜 시간의 균형을 이루는 노동시간과 휴가의 조절, 직원을 늘리지 않고도 일손 부족을 해결하는 방법 등은 자영업부터 대기업까지 기업의 규모를 막론하고 서비스업 종사자들에게 매우 유용한 경영 노하우가 될 것이다.

시간 단축을 위한 구체적인 방안 중 하나인 '소량 로트화(다양한 고객을 만족시키기 위해 주문 즉시 제품을 인도하는 방식으로 로트 사이즈를 줄인다고 해 소량 로트화라고 한다)'는 잘게 쪼개야 효율적이라는 신념에 기반한 것인데, 비용 대비 수익성이 나지 않고 경영 혁신이 절실한 우리나라 호텔 식음료 부문의 여건상 참으로 요긴한 정보다. 재료 구매를 소량 로트화해 식자재의 신선함을 유지하면서 구매 횟수와 자재 손실을 줄일 수 있는 방안은 호텔 관리자는 물론 경영을 맡은 외식 산업 실무자들에게도 매우 유익할 것이다.

아울러 정량 평가를 통한 생산성 향상은 최근 서비스업에서 수행되는 빅데이터 분석이 고객 리뷰에 기반한 정량적 평가에 치우친 점을 감안할 때 더 의미 깊다. 기업에 균형 있는 데이터 분석을 제공해 객관적으로 효율성을 제고할 수 있도록 도와준다.

무엇보다 이 책은 서비스 생산성을 다룬 기존의 서적들과는 차별화되는 유익한 내용을 전한다. 또한 호텔, 식당, 병원 등 서비스업 종사자만이 아니라, 성공적인 자영업 운영이나 창업의 꿈을 안고 있는 사람들, 진로 결정을 앞둔 취업준비생, 공공 부문의 정책 결정 및 입안자, 투자처를 모색하는 기업인 등 실로 많은 독자들에게 공감을 불러일으키고 중요한 아이디어를 던져줄 것이다.

세종대학교 호텔경영학과

김홍범 교수

일은 줄지 않고
매출만 줄어든다

'시간 단축'이란 말이 넘쳐나고 있습니다. 각종 매스컴은 물론 회사 어디에서나 시간을 단축하고 생산성을 높이자는 말을 많이 합니다. 하지만 구체적인 방법은 알지 못한 채 헤매는 회사가 많습니다. 현장에서도 노동시간, 생산시간 등 종합적으로 시간을 줄이자는 말에 공감하지만 개별적으로 논의하기 시작하면 어려운 문제가 많이 나와 결과적으로 시간을 줄이지 못하고 있는 것이 현실입니다.

경영에서 단기적으로 우선에 두는 점은 매출과 이익을 확보하는 것입니다. 큰 회사든 작은 가게든 유지에는 당연히 일정한 고정 비용이 필요하고, 그것을 조달할 만큼의 매출이 없으면 운영이 위태로워집니다. 그렇기에 경영자는 반드시 매출을 올리기 위해 매일 직원과 함께 분주히 뛰어다니는 것이죠.

시간 단축을 위해 가장 손쉽게 쓰는 방법은 초과근무를 줄이는 것입니다. 초과근무란 직원이 일해야 하는 기준을 초과한 시간입니다. 애초에 기준을 넘었으니, 직원의 과도한 노동을 없애고 시간을 단축하려고 합니다. 그래서 "초과근무나 야근을 줄이세요"라고 하는 말은 얼핏 합리적으로 보입니다.

그런데 시간 단축을 추진하는 곳은 일반적으로 인사부나 경영지원부입니다. 이런 부서는 매출에 직접적인 책임을 지지 않는, 말하자면 간접적인 부서입니다. 실제 생산 활동을 맡은 현장 직원들에게는 초과근무를 줄이라는 인사부의 말이 탁상공론처럼 느껴질 것입니다. 줄이라고 하는 초과근무에는 당연히 업무가 관련돼 있고, 그 업무의 건너편에는 손님이 있습니다. 손님이 돈을 내기 때문에 회사는 매출을 올리는데 말이죠.

그렇기에 "초과근무나 야근을 줄이세요"라는 말을 들으면 "매출이 줄어도 상관없나요?"라고 대꾸하고 싶어집니다. 인사 담당자나 경영자는 매출이 줄면 곤란하니 "업무를 제대로 처리하는 한에서 어떻게든 줄여서 잘해보세요"라고 임기응변식으로 답하기 바쁩니다. 이런 무의미한 상황은 정당한 금전적 대가가 없는 초과근무만 늘릴 뿐입니다.

큰 회사든 작은 가게든 사업장에서는 손님에게 피해를 주고 싶어 하지 않으면서 동시에 초과근무는 줄이는 것을 지상 최대의 과제로 여깁니다. 중간에 낀 직원은 결국 업무를 가지고 퇴근합니다. 이로 인해 직장에서 하는 초과근무 시간은 줄어드는데 직원의 실질적인 수입이 적어지는 심각한 문제가 일어납니다. 직원의 의욕은 당연히 떨어질 수밖에 없죠.

여기서 다시 묻고 싶은 것은 정말 시간을 단축할 수 없는가 하는 문제입니다. 사업장에, 직원에게, 나아가 손님에게 부담이나 피해를 주지 않고 시간을 단축할 방법이 정말 없을까요? 좀 더 욕심을 부려보죠. 시간 단축을 진행하면서 사업장은 매출과 이익을 늘리고, 직원은 수입을 늘리고, 손님은 보다 좋은 상품과 서비스를 얻는 것이 가장 바람직한 모습입니다. 물론 다들 '그런 일이 가능하다고 믿는 건 염치없는 행동'이라고 생각할지도 모릅니다. 그렇지만 이 책은 바로 그 점을 생각하고자 합니다.

적어도 매출액이나 이익을 유지하면서 시간을 단축하려면 현재와 같은 업무량을 초과근무 없이 처리해야 합니다. 그러려면 같은 업무량을 지금보다 짧은 노동시간으로 처리해야 합니다. 바로 '생산성 향상'이 필요한 것입니다. 시간 단축을 주장하면서 생산성이라는 말이 자주 나오는 것은 이 때문입니다.

그러나 최근 여기저기서 "생산성을 높이기 위해 시간을 단축해야 합니다!"라고 외치면서도 성과를 얻지 못한 채 시간 단축이라는 말이 전혀 사라지지 않는 것은 생산성을 높이는 방법이 확립되지 않았다는 증거입니다. 경영자에게 의욕이 없거나 현장의 점장이 게으름을 피우는 것이 아니라 생산성을 높이는 방법, 시간 단축의 접근법을 아무도 모르는 것입니다.

특히 서비스업은 과도한 노동 문제가 심각한 분야입니다. 비제조업 전반을 가리키는 이 산업은 도매, 소매, 숙박, 음식 등 다양한 업종을 폭넓게 포함합니다. 많은 여성들이 서비스업에서 일하고 있지요. 그런데 여성들은 육아를 병행하는 경우가 많기 때문에 과도한 노동을 하는 환경에서 일하기가 매우 어렵습니다. 여성의 활발한 사회 진출이라는 관점에서도 서비스업의 생산성을 높이는 일은 굉장히 중요합니다.

다만 서비스업 현장은 손님이 있어야 움직이는 곳입니다. 손님이란 존재는 변덕이 심해서 언제 매장에 방문할지, 무엇을 요구할지 정확히 예측할 수 없기에 제조업처럼 전망을 세우고 계획적으로 일을 진행할 수 없습니다.

게다가 서비스업을 하는 회사나 가게는 대부분 규모가 영세합니다. 대기업의 생산 시설은 상당수가 해외로 이전했기 때문에 지방 경제는 서비스업 비중이 높죠. 이들은 가뜩이나 과도한 노동으로 바쁘게 일합니다. 점포 간 경쟁도 치열해서 손님을 위해 더 좋은 서비스를 제공해야 합니다. 뭔지도 잘 모르는 생산성 향상에 대해 공부하고 궁리하라고 해도 그럴 여유가 있을 리 없죠.

하지만 이제는 사회 상황이 크게 바뀌었습니다. 본격적으로 인구 감소가 시작돼 노동력 있는 생산연령인구(15~64세)가 감소세로 돌아선 반면 은퇴한 베이비붐 세대의 소비 활동은 활발합니다. 손님은 있는데 일손이 부족해진 거죠. 그리고 젊은 세대가 노동을 보는 가치관도 바뀌었습니다. 지금의 젊은 세대는 초과근무나 휴일 수 같은 노동조건과 회사의 장래성에 매우 신경을 씁니다. 부모 세대가 아무리 열심히 일해도 회사에서 정리해고되는 모습을 봐왔기 때문입니다.

요즘 젊은 세대는 보람 느끼는 일을 업무에서만 찾지 않고, 직장을 벗어나 밖에서 찾으려 하는 특징이 있습니다. 직장에서는 정해진 시간만 일하고 급여를 받으려고 정확하게 선을 긋습니다. 당연히 취업 전에는 노동조건도 엄격하게 확인하죠.

어떤 회사에 사람이 모이지 않는 것은 일할 사람이 없는 게 아니라 그 회사가 선택되지 않았을 뿐입니다. "아무리 사람을 구하려 해도 서류를 내는 사람이 없어요", "실업률이 높다는데 일하겠다는 사람들은 다 어디로 가버렸나요?", "사람을 뽑아도 며칠을 못 버티고 그만둬요"와 같은 탄식이 새어 나오는 이유가 있는 것입니다. 이제 어떤 회사든 과도한 노동을 줄이지 않으면 일할 사람을 구하기 힘든 현실입니다.

자동차 제조 회사 도요타의 생산 방식이나 셀Cell 생산 방식(소수의 작업자가 여러 가지의 공정을 담당해서 완제품을 생산하는 방식_옮긴이) 등 생산성 향상에 대한 논의는 항상 제조업을 중심으로 진행돼 그 방법도 공장 내에서 진화했습니다. 국가의 경제 성장에서 제조업이 맡는 역할이 크기 때문에 당연한 일입니다.

반면 서비스업의 생산성을 높이는 방법은 제조업처럼 발전하지 못했습니다. 그렇다고 제조업에서 하는 방식을 그대로 적용하는 것도 여의치 않으므로 애초에 서비스업의 생산성을 높이는 일은 불가능한 것이 아니냐는 회의론마저 나올 정도입니다.

왜 생산성을 높이는 일이 이렇게 지지부진할까요? 그리고 왜 과도한 노동은 해소되지 않을까요? 저는 2008년 무렵부터 서비스업을 중심으로 현장을 방문하며 답을 찾아보려 했습니다. 지금까지 1,000회가 넘게 현장을 방문하며 연구 조사한 후 그 결과를 모델화해 나름의 이론으로 발전시켰고, 업종과 관계없이 곧바로 사용할 수 있는 생산성 향상 방법을 개발했습니다. 다만 아직 완성된 것이 아니라 현장에 적용하고 있는 상태라, 이 방법이 통하지 않는 현장이 나올 수도 있습니다. 그런 곳을 찾는다면 매우 기쁠 것입니다. 현장을 직접 방문해서 이론을 더욱 발전시킬 수 있는 기회이기 때문입니다.

복잡한 자연 현상을 밝혀내려고 할 때 우리는 모든 선입견을 버리고 철저히 관측합니다. 그다음 수집된 데이터를 바탕으로 모순 없이 설명하는 모델을 가설로 구성하는데, 안타깝게도 완성된 모델로는 설명할 수 없는 자연 현상이 그 후에도 계속 발견됩니다. 그래서 가설은 항상 수정되고 진화합니다. 이것이 불가능하면 그 모델은 묻혀버립니다.

미리 양해를 구하자면, 이 책은 무엇을 하면 회사가 성공한다는 '전략'을 다루는 지침서가 아닙니다. 이는 경영자가 결정할 문제입니다. 여기서 다루는 것은 기본적으로 '전술'입니다. 생산성을 높이기 위해 어떻게 해야 할지 그 방법을 과학적으로 정리한 책입니다. 시간을 단축하면 서비스의 수준이 떨어지는 것이 아니라 오히려 높아진다는 이야기는 나중에 하겠지만, 어떤 서비스를 제공하는지는 전략의 영역에 들어가기 때문에 거의 다루지 않습니다. 다만 전술이 잘돼 있으면 전략을 쉽게 그릴 수 있습니다.

지금까지 서비스업에 대한 논의는 업종이나 업태마다 종적 관계로 진행됐습니다. 전문가도 그 안에서 세부적인 논의만 하며 각각의 차이를 불필요하게 강조했습니다. 차이를 강조하는 것이 아니라 다양한 현장 안에서 공통점을 찾아내 그것을 모델로 만들고, 업종과 업태의 벽을 넘어 서비스업 전체에서 사용할 수 있는 공통 이론을 확립하는 것이 과학적 접근법입니다.

아이작 뉴턴은 자연계의 모든 운동을 통합해서 설명했고, 거기서부터 물리학은 크게 발전했습니다. 다양한 생물을 '발생과 적응'이라는 원리로 간단하게 표현한 찰스 다윈의 생각은 생물학의 주춧돌이 됐습니다. 가격이 '보이지 않는 손'으로 조절된다고 생각한 애덤 스미스는 근대 경제학의 아버지로 불립니다. 이런 이론을 바탕으로 산업이 크게 발전했고 사회와 경제에 엄청난 가치를 가져왔습니다.

이 책에서 다루는 내용은 대기업, 영세기업, 요식업, 운송업, 도시, 지방 어디에나 적용할 수 있습니다. 큰 회사든 작은 가게든 규모, 업종, 입지에 관계없이 해당됩니다. 서비스업을 주로 다루지만, 여기서 제안하는 방법이 제조업에서도 활용할 만하다는 사실을 현장 조사를 통해 알게 됐습니다. 따라서 제조업도 사례로 일부 소개됩니다. 제조업에서의 연구 조사 결과를 쌓는 것이 앞으로 주어진 과제입니다.

참고로 책의 1부와 3부는 인터뷰 형식으로 구성했습니다. 자칫 딱딱해지기 쉬운 이야기를 부드럽게 표현해서 현장에서 일하는 직원들이 부담 없이 읽을 수 있도록 고민했습니다.

이 책은 시간 단축의 본질에 비로소 발을 들여놓은 책이라고 자부합니다. 다양한 사람들이 이 책을 읽고 더욱 활발한 논의를 하기 바랍니다.

차례

2부
생산성이 올라가고 시간이 단축되는 방법

1부

왜 서비스업에서는
시간 단축이
이뤄지지 않는가

───── 오늘날 서비스업의 중요성은 날이 갈수록 커지는 듯합니다. 일본의 경우는 노동 인구의 70%가 서비스업에 종사할 정도로 영향력이 크고요. 제조업이 중요한 고도 경제 성장기라면 몰라도 지금은 서비스업 없이는 경제가 돌아가지 않아요. 그런데 왜 제조업에 비해 서비스업의 생산성이 낮을까요? 직원들의 노동 강도도 높고, 열심히 오랜 시간 일해도 남는 게 별로 없잖아요.

우선 오해하면 안 되는 것은 제조업과 비교해도 소용이 없다는 사실이에요. 예를 들어 자동차 제조 회사의 생산성과 인터뷰를 하고 있는 이 카페의 생산성이 얼마나 다른지는 모르겠지만, 업종 간에 매출을 단순 비교하는 것은 큰 의미가 없습니다. 그것은 제공하는 상품의 차이니까요. 중요한 점은 각 사업장의 생산에 드는 비용을 줄일 수 있는지, 없는지에 관한 것뿐입니다.

<도표 1> 일본의 업종별 직원 1인당 연간 평균 휴일 수

숙박업, 요식 서비스업	**102.9**일
생활 관련 서비스업, 오락업	**105.6**일
운수업, 우편업	**106.6**일
광업, 채석업, 자갈 채취업	**109.9**일
도매, 소매업	**111.0**일
의료, 복지	**111.5**일
건설업	**112.2**일
그 외의 서비스업	**112.5**일
교육, 학습 지원업	**113.3**일
부동산업, 물품 임대업	**115.9**일
복합 서비스업	**119.7**일
제조, 금융, 정보통신 등	약 **120**일

출처: 일본 후생노동성 2018년 조사

 서비스업의 휴일 수는 제조업이나 금융업보다도 적다. 특히 숙박, 요식업의 노동 환경 개선이 시급하다.

어디까지나 생산성의 증가율에 중점을 둬야지, 생산성의 높고 낮음을 비교하거나 업종을 막론하고 무턱대고 생산성을 비교해봤자 쓸데없는 일이에요. 같은 업종이라 해도 비즈니스 모델이 조금만 다르면 생산성의 절대 비용이 달라집니다. 료칸(일본의 전통적인 숙박 시설_옮긴이)을 예로 들면 각 방에서 식사하는 스타일, 식당에서 주문해서 먹는 스타일, 뷔페에서 좋아하는 음식을 떠서 먹는 스타일이 있어요. 어떤 방식이 생산성이 높은지 일률적으로 말할 수는 없지만, 생산성이 높다고 해서 같은 식사 방식의 료칸만 있다면 그것은 그것대로 싫겠죠.

그래도 제조업의 경우에는 생산성을 비교하는 일이 의미가 있습니다. 같은 사양의 자동차는 기본적으로 어느 공장에서든 만들 수 있어요. 국내의 공장에서 만들 수도, 해외에서 만들 수도 있습니다. 그래서 회사를 넘어 생산 방법의 차이를 비교해볼 만하지요.

서비스업에는 재고가 없다

⸺ 그래도 이 카페의 직원이 우리에게 물을 주는 행위와 옆 가게 직원이 물을 주는 행위는 어느 쪽이 더 생산성이 높은지 비교할 수 있지 않을까요?

아니요. 그것은 생산성이 아니라 단지 물을 주는 방식의 효율성을 비교할 뿐입니다. 생산성의 정의는 나중에 설명하겠지만, 중요한 것은 팔아야 이익이 남는다는 거예요. 이 가게에서 물을 제공하는 일은 그 외의 일과 완전히 하나가 돼서 손님은 그 전체를 서비스로 파악하고 돈을 냅니다. 전체가 달라지면 업종이나 업태가 같아도 서비스 방식이 다르기 때문에 생산성을 비교해도 의미가 없습니다.

업무 하나하나의 효율성을 추구하고 싶은 마음은 이해합니다. 다만 서비스업 현장에서는 눈앞의 효율화가 반드시 생산성을 높이는 결과로 연결되지는 않아요. 사실 이 점이 앞으로 이 책에서 설명하는 주요한 주제죠.

───── 점점 흥미로워지네요. 어째서 효율화가 생산성을 높이는 데 도움이 안 될 수도 있다는 건지 더 자세히 알려주세요.

서비스는 손님이 구매할 때만 제공할 수 있어요. 이것을 학술적으로 '서비스의 생산과 소비의 동시성'이라고 합니다. 의사가 오늘 방문한 환자를 전날 미리 진찰할 수는 없습니다. 지금 눈앞에 있는 손님에게만 서비스를 제공할 수 있다, 즉 서비스는 재고가 생기지 않는다는 것이 특징입니다.

제품 보관이 가능한 제조업은 효율화로 작업시간을 단축할수록 같은 시간에 더 많은 제품을 만들 수 있습니다. 반면에 서비스업은 동시성의 제약으로 손님이 원할 때만 서비스를 제공할 수 있기 때문에 서비스 제공 횟수가 손님에게 달려 있습니다.

국수 한 그릇의 조리시간을 10분에서 5분으로 줄여도 손님이 15분 간격으로 오면 매출을 늘릴 수 없어요. 그 국수 가게가 작업의 효율화를 이뤘다고 해도 바로 생산성이 높아지지는 않습니다.

국수를 빨리 끓이는 것만으로는 안 된다

── 국수 삶는 시간을 줄이는 일이 의미가 없다는 건가요?

의미가 없는 것은 아닙니다. 줄을 설 정도로 손님이 많이 온다면 더 짧은 시간에 빨리 음식을 만들어야 객석 회전율이 올라가고 매출도 늘어서 생산성이 높아집니다. 작업시간의 단축이 생산품을 어딘가에 일단 놓아둘 수 있는 제조업에는 직접적인 의미가 있지만, 서비스업에서는 경우에 따라 다르다는 얘기죠.

제조업은 작업시간을 줄이면 하루에 만드는 제품의 개수를 늘릴 수 있습니다. 만든 제품은 어딘가에 쌓아두면 됩니다. 그러나 국수 가게에서는 갑자기 폭우가 쏟아져서 손님이 끊기면 5분 만에 국수를 내올 능력이 있어도 매출은 한 푼도 올릴 수 없기 때문에 생산성에 도움이 안 됩니다.

서비스업 현장에서 생산성을 높이기 위해 스톱워치로 작업시간과 순서의 효율화를 시도하는 사례도 보이지만, 그것만으로는 생산성이 높아지지 않아요. 이런 착각은 작업시간과 노동시간을 잘못 알고 있기 때문에 발생합니다.

제조업의 경우 만약 최종 사용자가 제품을 구매하지 않아도 일단 제품을 공장에서 출하하는 것만으로도 매출이 올라갑니다. 그래서 제조업은 작업시간 단축이 그대로 노동시간 단축으로 이어지고, 설령 그것이 어딘가에서 재고가 된다고 해도 외관상 생산성이 높아지죠.

반면 서비스업은 기본적으로 손님의 개별적인 주문에 따라 서비스를 제공해야 대가를 받을 수 있습니다. 국수 가게가 아무리 작업시간을 줄여도 언제 손님이 올지 모르는 상황에서는 결국 할 일 없이 손놓은 시간이 한없이 늘어날 수도 있습니다.

달력이 아닌 현장을 봐라

—— 아하! 작업시간이 아무리 빨라져도 손님이 언제 올지 모른 채로 영업시간이 끝날 때까지 문을 열어놔야 하는 거군요. 그렇다면 노동시간을 줄이기는 힘들 것 같네요.

바로 그게 포인트예요. 어떤 서비스업이라도 작업시간만 단축하는 일은 가능합니다. 하지만 언제 올지 모르는 손님에 대해서는 어떻게 해야 노동시간을 단축할 수 있는지 알 수 없어요. 게다가 매

<도표 2> 업종에 따라 달라지는 시간 단축 접근법

[노동시간=작업시간+대기시간]

손님이 있을 때만 서비스를 할 수 있는 서비스업에서는 종종 손을 놓고 있는 대기시간이 생긴다. 작업시간만이 아니라 대기시간을 줄이는 것이 노동시간 단축에 효과적이다.

◎ 제조업

제품을 재고로 보관할 수 있다.
→ 작업시간의 단축이 시간 단축으로 이어진다.

◎ 서비스업

서비스는 보관할 수 없다.
→ 작업시간의 단축이 반드시 서비스업의 전반
  적인 시간 단축으로 이어지는 것은 아니다.

 작업 속도를 올리는 것이 서비스업의 시간 단축으로 이어진다고 많은 사람들이 오해한다.

출을 늘리려면 손님의 만족도를 더 높여야 합니다.

이렇게 얼핏 보면 모순되는 일을 해결할 수 있는 방법이 있는지 지금까지 아무도 알지 못했습니다. 제가 이 분야의 조사를 시작했을 당시에는 저를 포함해 누구도 짐작하지 못했죠. 하지만 선입견을 버리고, 수많은 서비스업 현장을 찾아다니며 연구하다 보니 실마리가 보이더군요.

예를 들어 어떤 시설에서는 23명의 직원이 300명의 손님에게 서비스한 날이 있는가 하면, 손님은 똑같이 300명인데 직원이 38명이나 출근한 날이 있었습니다. 직원 1명당 담당하는 손님 수가 제각각이라서 교대 근무를 적절히 관리해 직원을 배치하는 모습이 전혀 보이지 않았어요. 이것이 큰 문제라는 의식이 경영자와 직원 모두에게 없었고, 오히려 일손이 부족하다고 느끼는 상황이었습니다. 이래서는 시간을 단축할 수 없겠죠.

여러 현장을 다니며 "교대 근무표를 보여주세요"라고 부탁하면 현장 관리자는 고개만 갸우뚱합니다. 파트타임 직원이 자신이 출근하고 싶은 날만 기재해놓은 달력을 보여준 경우도 있습니다. 현장 관리자에게 "이게 뭡니까?"라고 물으니 당당하게 "교대 근무표입니다"라고 대답하더군요. 맨 처음에 파트타임 직원의 희망 근무일을 듣고, 나중에 정사원으로 그 사이를 채운다고 했습니다. 이것은 단순히 파트타임 직원의 출근 희망표지 교대 근무표가 아닙니다.

교대 근무가 평일용과 주말용 두 유형밖에 없는 회사도 있었습니다. 예상 손님의 수를 고려하지 않고 단지 달력의 요일만 보고 교대 근무를 편성할 뿐이었죠. "평일에는 손님이 적기 때문에 직원 수도 적은 인원으로 대응합니다"라고 이야기하지만, 현실은 평일에도 손님 수가 많은 날이 있습니다. 반대로 날씨나 주변 지역 행사 등의 영향으로 주말에 손님이 적을 때도 있습니다. 실제 손님의 움직임을 직원들의 교대 근무에 반영하지 않은 것이죠.

적정한 인원 배치나 교대 근무에 신경 쓰면, 꼭 필요한 직원을 최소한으로 현장에 투입할 수 있게 되므로 총노동시간이 줄어들어 생산성이 높아집니다. 그러면 일손 부족을 해결함과 동시에 손님의 만족도도 높일 수 있습니다. 서비스업에서 생산성을 높일 여지가 얼마든지 있다는 사실을 깨달았습니다.

▬▬▬ 인원 배치가 적정해지면 생산성이 높아진다는 이치는 이해가 되네요. 그런데 손님의 만족도가 높아진다는 말은 어떤 의미인가요?

이를 설명하기 위한 전제로 우선 생산성을 정의하겠습니다. 생산성은 정확하게는 노동생산성이라고 하며, 부가가치를 노동투입량으로 나눠 계산합니다. 여기서 말하는 부가가치는 매출액에서 외부에서 매입한 재료비 등을 뺀 것입니다. 노동생산성은 직원 1명이 벌어들인 부가가치라고 정의할 수 있으며, 일반적으로 생산성이 높으면 기업의 경쟁력이 높다고 판단합니다.

여기서 반드시 주의해야 할 점이 있습니다. 앞서 언급했듯이 생산성의 절대 비용은 업종이나 업태에 따라 다릅니다. 업종이나 업태가 같아도 비즈니스 모델이 바뀌면 역시 절대 비용은 달라집니다. 현장 상황을 평가할 때는 생산에 드는 비용을 다른 사업장과 비교해도 의미가 없으므로 같은 사업장의 생산성 증가율에 주목합니다. 중요한 것은 자사의 '과거'와 비교해서 그 수치가 커지면 생산성이 오른 것이고, 내려가면 그 반대이므로 현장에 어떤 문제가 있는지 관심을 기울여야 합니다.

==== **좀 더 구체적으로 설명해주세요.**

노동생산성의 정의가 어렵게 느껴진다면 부가가치를 손님의 만족도, 노동투입량을 비용으로 바꾸면 쉽게 이해될 겁니다. 매출액이나 부가가치를 창출하는 전제가 되는 것이 손님의 만족도이기 때문이죠. 실제로 부가가치를 매출액이나 매출총이익, 손님 수, 물량 등 부가가치에 연동하는 숫자로 바꿔 매일 분석하고 업무 개선에 힘쓰는 회사도 있습니다.

그런데 문제는 1인당 부가가치를 끌어올리는 방법입니다. 생산성을 높이려고 한다면 당장 어떤 일부터 하시겠어요?

==== **역시 인건비를 줄여야 할까요? 같은 부가가치라면 일손을 줄여야 1인당 부가가치가 더 늘어날 테니까요.**

당연히 그렇겠죠? 쉽게 매출이 증가하지 않는 시대니 사업장만의 노력으로 비용을 줄일 수 있는 방법을 찾아 힘을 쓸 겁니다. 투입하는 직원 수를 줄이거나 필요한 때만 출근하는 파트타임 직원을 늘리려고 하겠죠.

반대로 매출 확대에 주목하는 회사도 있습니다. 다만 어느 업체의 경영자가 "매출만 늘어나면 생산성도 높아집니다"라고 하기에 "그렇긴 하지만 어떻게 매출을 늘려야 할까요?"라고 물었더니, 명확한 답을 해주지는 않더군요.

저는 '부가가치÷노동투입량'이라고 하는 생산성 계산식에서 노동투입량에 주목해 비용 절감을 노리는 사람들을 '분모파', 반대로 매출액을 늘려 부가가치를 확대하려고 하는 사람들을 '분자파'라고 분류합니다. 실제 현장에서 생산성에 대해 논의하면 분모파와 분자파로 나뉘어 대립하는 회사가 많습니다.

그러나 부가가치를 높이는 것과 노동투입량을 줄이는 것은 사실 관계가 없습니다. 부가가치를 노동투입량으로 나눈 계산 결과가 때마침 생산성이었을 뿐입니다. 분자파와 분모파 중 어느 쪽에 속하느냐에 대한 논의는 무의미합니다. 많은 사람들이 이 두 그룹으로 나누고 싶어 하는 것은 특히 서비스업에서 '부가가치와 노동투입량은 이율배반의 관계라 생산성을 높이려면 어느 한쪽을 희생해야 한다'고 지금까지 막연하게 생각해 왔기 때문이죠.

우리에게 절실히 필요한 것은 손님의 만족도라는 분자를 늘리면서 낭비를 없애고 노동투입량이라는 비용을 동시에 낮추는 접근법을 추구하는 것입니다. 이제까지 해 온 안이한 대처는 더 이상 통하지 않습니다.

지옥의 호텔이 바뀐 비결

━━ 그게 가능한가요?

물론이죠. 한 가지 사례를 소개할까요? 호텔시라기쿠 이야기입니다. 한 달에 몇십 시간씩 초과근무를 하는 이 호텔에서는 장시간 근무가 당연한 일이었습니다. 주변에서 '지옥'이라고 부를 정도였죠. 이런 지경이라 뜻대로 직원을 채용하는 일도 힘들었습니다. 연간 휴일도 90일밖에 되지 않아서 직원들은 '집에도 못 가고 쉬지도 못하는' 호텔이라고 했죠.

직원과 손님 모두에게 매력적인 호텔로 변하지 않으면 미래가 없다고 생각한 이 호텔의 대표는 2018년 새해 인사에서 "연간 휴일을 105일(주휴 2일)로 하겠습니다. 하지만 매출도 직원들의 급여도 내릴 생각은 없습니다. 직원을 늘리지 않고 생산성을 높여서 실현하겠습니다"라고 선언했습니다.

대표의 결단에 공감한 직원들도 업무에서 낭비가 되는 부분을 찾기 시작했습니다. 지금까지 조리실에서는 조식 뷔페를 위해 미리 100인분의 생선을 한꺼번에 구워서 보온고에 넣어 식당까지 갖고 올라갔습니다. 그것을 영업 개시 직전 식당에서 먼저 20인분만 구운 후, 나머지는 손님이 먹는 속도에 맞춰 필요한 양만큼 보충하면서 굽도록 바꿨습니다. 미리 굽는 조리 공정을 전부 없앴죠.

결과적으로 항상 갓 구운 생선을 맛있는 상태로 낼 수 있게 돼 손님들의 설문조사나 입소문에서 호텔에 대한 평가가 높아졌습니다. 아침 일찍 출근해서 음식을 만들어놓을 필요가 없어지자 조리장의 출근시간도 늦출 수 있었습니다. 덕분에 조리장의 근무 시간이 하루에 무려 3시간이나 줄어들었습니다.

좀 전에 작업시간을 단축해도 반드시 노동시간이 짧아지는 것은 아니라고 했죠? 확실히 100인분의 생선을 한꺼번에 구우면 빠르고 효율적일 것입니다. 그러나 중요한 것은 생선을 굽는 속도가 아니라 제공하는 타이밍이었습니다. 한꺼번에 굽지 않으면 아침 식사 준비가 늦어진다는 것은 완전한 착각이었습니다. 그때그때 필요한 양만큼 생선을 구움으로써 노동시간을 줄이고 맛있는 생선구이를 제때 제공해 품질을 높이는 데 성공했습니다.

마찬가지로 이전에는 밥도 대형 업소용 가스 밥솥으로 미리 300인분을 한꺼번에 지었습니다. 가스 밥솥에 보온 기능이 없었기 때문에 그것을 다시 보온 밥솥에 나눠 담아 아침 식사시간까지 보관했죠. 이런 업무를 개선해 지금은 조식 식당에서 작은 가정용 전기 밥솥으로 손님 상황에 맞춰 조금씩 밥을 짓습니다. 얼핏 보면 한꺼번에 밥을 짓는 편이 효율적인 듯하지만 실제로 밥을 짓는 시간은 업소용 밥솥이나 가정용 밥솥이나 다르지 않았고, 손님들도 갓 지은 밥을 더 좋아해서 밥의 폐기량이 크게 줄었습니다.

━━ 밥의 폐기량은 왜 줄었나요?

대형 가스 밥솥으로 밥을 하면 보온 밥솥에 나눠 담아야 했습니다. 그때 부족하면 안 된다는 심리 때문인지 밥을 넉넉히 짓게 되죠. 또한 지은 밥을 보관할 공간도 필요하고, 가스 밥솥이 있는 메인 조리실에서 조식 식당까지 운반도 해야 합니다.

미리 한꺼번에 밥을 해놓는 게 일을 줄이고 훨씬 편할 거란 생각과 달리 실제론 보이지 않는 곳에서 많은 부대 작업이 뒤따랐습니다. 직원들은 아침 일찍부터 출근해서 장시간 노동을 하게 됐죠. 갓 지은 밥을 대접할 수도 없는데 말이에요.

━━ 오히려 군더더기를 만든 셈이군요?

그렇죠. 이런 군더더기를 없앤 부분은 또 있습니다. 그동안 손님 수와 성별에 맞춰 객실에 미리 비치했던 비품도 대부분 치웠습니다. 비품은 목욕탕에 한꺼번에 두고, 객실 세면대에는 핸드비누와 양치용 컵만 뒀습니다. 목욕탕에는 샴푸만 30종류에, 여성용 스킨은 9종류나 돼 좋아하는 제품을 취향대로 선택할 수 있도록 했습니다. 그러자 방에 비품이 있을 때보다 손님의 만족도가 크게 높아졌습니다.

[생산성 향상=적은 노동량으로 부가가치(매출총이익)를
높이는 일]

✕ 생산성을 높이기 위해 서비스 품질을 떨어뜨린다

영업시간을 단축하거나 직원 수를 줄이면 손님에게 제대로 된 서비스를 할 수 없다.

○ 생산성을 높이고 서비스 품질도 올린다

손님이 원하는 서비스를 제공하면 손님의 만족도가 높아지고 시간이 단축되며 매출총이익도 늘어난다.

 생산성을 높이려면 접객시간이나 일손을 줄여야 한다는 생각은 엄연한 착각이다.

또한 체크인한 손님을 방으로 안내할 때 객실 담당이 차와 과자를 준비하는 과정을 없앴습니다. 대신 전망 좋은 최상층 레스토랑에 셀프서비스 라운지를 마련해서 파티셰가 직접 만든 과자와 음료를 무료로 제공했습니다. 객실 담당이 손님을 맞는 시간이 반으로 줄어 1명의 직원이 이전보다 많은 손님에게 좀 더 제대로 대응하게 됐죠.

이 밖에도 여러 가지 작은 노력을 거듭해서 불과 1년 만에 초과 근무 시간이 한 달에 몇 시간 정도로 눈에 띄게 줄어들었고, 연간 휴일도 약속대로 105일을 달성했습니다. 손님의 만족도가 높아지자 객단가가 올라 매출도 조금 늘었고, 온라인 평가 역시 매우 좋아졌어요.

예전에는 지옥이라고 불릴 정도로 최악의 직장이었지만, 노동시간을 단축하는 동시에 손님의 만족도를 높이자 직원의 만족도까지 높아졌습니다. 직원들의 정착률도 큰 폭으로 올라 새 직원을 채용하느라 고생하는 일이 없어졌습니다. 정착률이 높아지면 기술이 축적돼 생산성은 더욱 높아집니다.

이 호텔은 부가가치라는 분자와 노동투입량이라는 분모를 각각 조절해서 1년 만에 지옥에서 벗어났습니다. 이 사례에서 볼 수 있듯이 의미 없는 분모파, 분자파 논쟁은 하루빨리 멈추고 그것을 함께 실현할 수 있는 접근법을 현장에서 찾는 편이 훨씬 건설적입니다.

정말로 일손이 부족할까?

───── 노동시간을 단축하면서 손님의 만족도도 높이는 것이 가능하군요! 그렇지만 가게에 올 손님 수를 예측하기 어렵다는 근본적인 문제가 있잖아요. 언제 얼마나 바빠질지 모르기 때문에 직원을 넉넉히 배치해서 준비된 상태로 손님을 맞아야 한다고 생각하게 돼요. 적정한 인원 배치라는 것도 한계가 있지 않나요?

물론 예측할 수 없는 경우도 있어요. 모순되는 것을 알면서 굳이 말하자면, 저 역시 아무리 데이터를 분석해도 기본적으로 예측이 빗나간다는 것을 전제로 합니다. 그러나 빗나갈 수도 있지만, 데이터를 제대로 모아서 계절별, 요일별, 시간별, 날씨와 기온의 영향 등을 감안해 일정한 예측을 하지 않으면 교대 근무를 편성할 수 없습니다.

아무리 정밀하게 예측한다고 해도 손님 수가 생각보다 적거나 많아지는 일이 다반사입니다. 현장의 노동력이 남거나 반대로 부족해지면 관리자가 그것을 잘 조절해서 꼭 필요한 직원 수를 필요한 부서로 돌리거나 다른 업무를 지시하거나 혹은 귀가시키기만 해도 매월 총노동시간에 큰 차이가 납니다.

그 정도의 노력은 간단히 할 수 있는데도, 처음부터 "할 수 없는 일이에요"라거나 "사람이 부족해요"라는 식으로 단정 짓는 사람이 많습니다. 우선 사소해 보이더라도 할 수 있는 일부터 해본 다음 실행하면서 바꿔가야 합니다. 그러면 성과가 나기 시작하고 직원들의 의식도 바뀝니다.

─── 적정한 배치 인원을 결정하는 방법이 있나요?

구체적인 방법은 2부에서 설명하겠지만, 질문에 답하기 전에 우선 "정말로 일손이 부족할까?"라는 문제부터 생각하고자 합니다. 소매점에서도 술집에서도 호텔에서도 경영자나 현장 관리자 대다수가 "일손이 부족해서 힘듭니다"라고 불평합니다. 그래서 "어느 때 일손이 부족하다고 느끼십니까?"라고 물으면 명확한 대답이 돌아오지 않더군요.

그래도 끈질기게 물어보면 "그만둔 직원의 자리를 채우려고 구인광고를 내도 사람이 안 와요"라고 합니다. 직원이 그만둬서 일손을 채우려고 광고를 냈지만, 사람이 들어오지 않아서 일손이 부족하다고 느끼는 것입니다. "현장이 돌아가지 않습니다"라거나 "손님에게 피해가 가요"라는 대답은 별로 없었습니다.

물론 실제로 일손이 부족해서 업무가 돌아가지 않는 경우도 있을 것입니다. 다만 일손 부족을 한탄하는 회사 중 상당수는 직원의 퇴직과 채용의 어려움을 문제 삼아, 본질적인 일손 부족과는 다른 문제에 시선이 향한다고 생각합니다.

사회 전체가 일손 부족이라고 말하기 때문에 많은 경영자가 그렇게 믿는 것은 아닐까요? 정말로 일손이 부족할까요? 백번 양보해서 일손이 부족하다는 것을 인정했다고 해도 "현장에 투입해야 할 적정 인원은 몇 명입니까?", "1시간당 노동생산성은 어느 정도입니까?"라는 질문에는 좀처럼 구체적인 수치가 돌아오지 않습니다. 일손 부족을 감으로 파악할 뿐 구체적인 수치가 뒷받침되지 않는다는 뜻입니다.

━━━ 하지만 음식점에 가보면 대부분의 직원들이 눈코 뜰 새 없이 바쁘잖아요.

시간대에 따라 다르겠죠? 손님이 한창 몰리는 시간대가 있고 반대로 한가한 시간대가 있으니까요. 현장을 자세히 살펴보면 바쁘게 일하는 직원이 있는가 하면, 시간대에 따라 대기하면서 아무 일도 하지 않는 직원도 있습니다. 이것을 보고 정말로 일손이 부족하다고 할 수 있는지 좀 더 냉정하게 조사해야 합니다.

게다가 노동력이 얼마나 필요한지는 업무 절차에 달려 있습니다. 만약 현재의 업무 절차에 낭비가 심하다면 많은 직원이 필요하겠죠. 하지만 그것은 본질적으로 일손 부족이 아닙니다. 일손이 부족한 원인이 업무의 진행 방식에 있다면, 문제는 일손이 부족한 상태가 아니라 낭비 그 자체에 있습니다.

이런 회사가 낭비를 없애지 않고 현장의 감에만 의존해 직원을 늘리면 경영이 어려워집니다. 이때 해야 하는 것이 바로 여기서 논의하는 생산성 향상입니다. 현장 상황을 충분히 검증하지 않고 적정 인원을 파악하지 않은 채, 1명이 그만두면 1명을 충원하는 일을 반복하면서 손놓고 있는 시간이 있어도 방치하는 것. 그게 어떤 결과를 가져올까요?

손님이 많이 오는 요일이나 시간대가 있으면 직원들의 머릿속에는 '바쁘다'는 이미지가 강하게 자리 잡습니다. 직원들은 마치 항상 바쁜 것처럼 주장하면서 일손을 충원해달라고 요구합니다. 직원 수가 많을수록 작업이 편해지고 많은 손님이 와도 당황하지 않게 되니 직원 입장에서는 좋은 일이죠.

그러나 실제로는 그 반대입니다. 직원을 충원하는 것으로 문제를 해결하려 들면 총노동시간이 늘어나 비용이 증가합니다. 사람이 늘면 그만큼 추가 업무도 생깁니다. 돌고 돌아서 장시간 노동과 저임금 일자리의 굴레에서 헤어나지 못하게 되죠. 많은 업체가 빠져 있는 현상입니다.

그런 직장을 관두고 이직하면 그만이라고 생각할지 모르지만, 쉬운 일이 아니에요. 지방에는 일하는 장소가 한정돼 있고 만일 있다고 해도 대부분이 서비스업입니다. 노동조건이 좋은 곳은 이직률이 낮고 결원이 있어도 채용의 문이 좁아요. 현실은 혹독합니다. 직원들도 당장 그만둘 생각만 하지 말고, 회사와 함께 생산성을 높이는 데 힘써 장기적으로 더 나은 노동조건을 만들어가는 편이 바람직하겠죠.

\<도표 4\> 어느 서비스 시설의 월간 플롯 분석

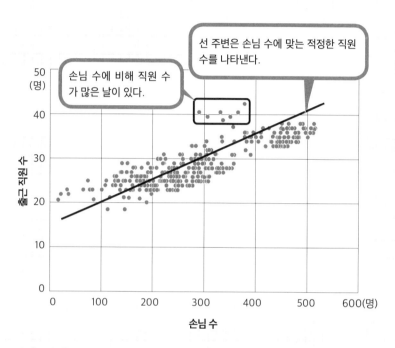

손님 수와 출근한 직원 수에 따라서 하루당 하나씩 점을 찍었다. 위쪽으로 크게 떨어진 점은 직원이 지나치게 많이 배치됐다는 뜻이다.

 위의 플롯 분석 그림으로 직원 수가 손님 수에 비해 적정한지 아닌지 한눈에 볼 수 있다. 자세한 것은 2부에서 설명한다.

—— 분명 교대 근무 인원을 막연하게 정하는 회사가 많겠죠. 손님 수가 어떻게 변하는지, 직원들의 업무 방식은 어떤지 세세하게 지켜보고 있지 않을지도 몰라요.

그렇게 지켜보는 것이 바로 2부의 서두에서 설명하는 플롯plot 분석입니다. 일손이 부족하다고 말하려면 현장 관리자는 그것을 객관적으로 설명할 수 있어야 해요.

20세기가 되며 제조업의 생산 활동은 미국에서 제창된 과학적인 관리법 덕분에 '산업공학'이라는 이론으로 진화했습니다. 도요타 생산 방식이나 셀 생산 방식 등이 생겨나 제조 생산 관리 수법이 발전하고 생산성이 크게 높아지면서 제조업이 경제를 이끌었어요.

그러나 일손이 중심인 서비스업에서는 지금까지 기본적으로 과학적인 경영 대신 경영자의 경험과 감, 직원의 의욕에 의지했습니다. "힘내라", "어떻게든 해봐", "너라면 반드시 할 수 있어"라며 노력을 강조했죠.

서비스를 제공하는 것은 최종적으로 사람이기에 "동기 부여가 중요하다"든지 "직원의 만족도를 높이자"는 식으로 마음에 시선이 가기 쉽습니다. 물론 직원의 의지를 끌어내는 것은 중요합니다. 다만 그것만으로 어떻게든 되는 단계는 지났습니다. 인구 감소를 배경으로 시장이 작아지며 공급 과잉이 시작됐기 때문입니다.

물건이 시장에 넘친 결과, 소비의 선택지가 넓어지고 가격도 내려가고 있습니다. 게다가 소비 단위가 소액화돼 서비스업의 비용이 올라가는 데 큰 영향을 주고 있죠. 예전에는 가구수가 평균 4명 정도였지만, 저출산 고령화로 인해 지금은 가구수가 2명 이하인 지역도 나옵니다. 라이프 스타일의 변화로 1인 관련 상품이 활발히 팔립니다.

예전에는 음식점에서 4인용 테이블이 표준이었지만 어느새 2인 테이블이 주류가 됐고, 지금은 혼자 앉는 자리도 많아졌습니다. 카운터석을 늘려서 1인 손님은 그곳으로 안내하는 가게도 많아졌죠. 숙박업소도 주로 이용하는 손님의 단위가 단체에서 그룹, 개인으로 바뀌었고, 슈퍼마켓 이용객 역시 대가족에서 핵가족, 개인으로 옮겨가고 있습니다.

슈퍼마켓은 가구수가 감소하며 객단가가 낮아져 골머리를 앓습니다. 계산대를 통과하는 인원에 큰 변화가 없다면 계산대 담당 직원을 줄일 수 없습니다. 어느 숙박업소에서는 한 방에 묵는 인원이 줄어들어서 매출이 절반으로 확 떨어졌습니다. 그렇지만 예약 처리에 드는 수고는 별로 줄지 않아 인건비를 낮추지 못해 어려움을 겪습니다.

소비 단위가 소액화되는 것에 아무 대응도 하지 않으면 결국 비용이 올라갑니다. 그렇지만 가격은 오히려 내려가는 방향에 있죠. 지금의 서비스업은 딜레마에 빠진 상태입니다.

<도표 5> 일본의 생산연령인구와 총인구 추이

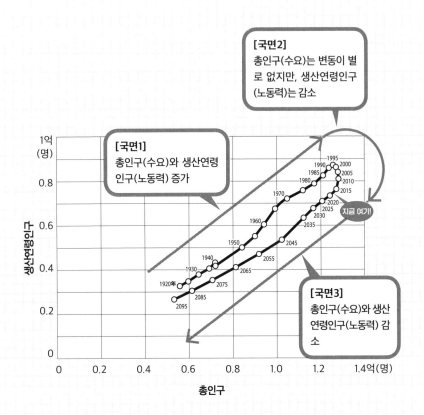

※ 국세 조사(총무성)와 일본의 장래추계인구(국립사회보장·인구문제연구소)를 토대로 작성

 이제부터는 인구 감소를 전제로 한 경영으로 전환해야 한다.

생산성을 높여 생존하라

—— **이러지도 저러지도 못하는 괴로운 상황이군요.**

경영하는 입장에서는 힘들지 모르지만, 손님은 사실 별 상관이 없어요. 아무리 가격이 싸도 서비스가 원하는 수준에 이르지 못하면 외면하고 다른 곳으로 가면 그만이에요. 요즘은 싼 것이 당연한 세상이라 원하는 상품, 바라는 서비스가 없는 가게에는 발길을 돌리지 않습니다.

공급 과잉 상태기 때문에 서비스 경쟁은 갈수록 치열해지고, 매출이 줄어드는데 비용은 오히려 늘어납니다. 이런 딜레마에 빠졌지만, 손님 입장에서는 가격이 저렴해지고 선택지가 많아져 좋죠.

과거 20년 정도는 아직 노동에 참여하는 생산연령인구가 줄어들었을 뿐, 총인구는 오히려 적게나마 늘었습니다. 그런데 2010년 무렵부터 총인구가 감소세로 바뀌었고, 지금까지 소비 활동에 참가하던 베이비붐 세대도 2025년에는 후기 고령자 세대에 들어가며 소비 담당에서 벗어난다고 합니다. 어쩌면 몇 년 후에는 지금 이상으로 시장 환경이 혹독해질지도 모릅니다.

—— **어쩐지 밝은 미래가 보이지 않는 것 같네요. 서비스업에서 전망을 찾을 수 있을까요?**

그래서 생산성 향상이 필요합니다. 젊고 우수한 노동력을 확보하려면 시간 단축도 중요하지만, 매출이 줄고 비용이 늘어나는 시대가 됐기에 시간 단축만으로는 해결이 안 됩니다. 시간을 단축하는 동시에 생산성을 높여야 합니다. 생산성을 높이는 것은 꼭 필요한 생존 전략이며, 여기에 실패한 회사는 쇠퇴할 수밖에 없습니다.

그러나 비관할 필요는 없어요. 이렇게 딜레마에 빠진 와중에도 혹독한 상황을 떨치고 일어나기 위해 스스로 생산성을 높이려 노력하는 회사가 점점 나오고 있으니까요. 저는 그런 회사들에 가서 어떻게 대처하는지 자세히 조사했습니다.

정부는 어려운 상황을 극복하려고 "뒤처진 서비스업의 생산성을 높이자"고 목청을 높이지만, 구체적인 방법론을 내놓지 못해 전혀 진전이 없습니다. 심지어 우수한 제조업을 본받으라는 식으로 마치 서비스업이 형편없는 업계인 것처럼 취급하는데, 그렇게 말하는 제조업 역시 공급 과잉에 시달리는 현실입니다.

제조업도 손님들의 다양한 요구에 대응하기 위해 다품종 소량 생산으로 제품을 투입하려 하지만 잘되지 않고 있어요. 이런 점에서 서비스업은 이미 재고 없이 눈앞에 있는 손님을 일일이 대응하는 데 반해, 제조업의 생산 방법은 이에 훨씬 못 미칩니다. 서비스업에서 생산성을 높이는 구체적인 방법론을 확립할 수 있다면 제조업에 응용할 수도 있을 것입니다.

산업혁명에서 20세기까지는 기계화가 중심이 돼 대량 생산하는 '제1차 생산성 혁명'으로 제조업이 도약했습니다. 21세기에는 서비스업에서 손님의 만족을 추구하는 다품종 생산을 실현하는 '제2차 생산성 혁명'이 일어나 그것이 제조업에 역으로 전파될 것이라고 생각합니다.

제조업도 서비스업에서 배워야 할 점이 많을 것입니다. 만약 앞으로 제2차 생산성 혁명의 구체적인 방법을 세우고 움직임이 확고해진다면, 제조업과 서비스업이 모두 성장하는 동시에 소비자는 높은 품질의 상품과 서비스를 얻는 사회가 될 것입니다.

슈퍼마켓에서 배운 도요타

━━━━ 다음 생산성 혁명은 서비스업에서 시작된다는 거군요.

그렇습니다. 원래 도요타의 생산 방식도 슈퍼마켓을 참고로 했습니다. 예전에 도요타는 만든 자동차 수만큼 후속 공정으로 밀어넣는 생산 체제였는데, 도요타 생산 방식의 창시자인 오노 다이치가 슈퍼마켓의 경우 팔린 수만큼 물건을 보충한다는 점에서 착안해 '저스트 인 타임Just in Time'을 구체화했습니다. 그래서 이 방식을 슈퍼마켓 방식이라고 부르기도 합니다.

도요타 생산 방식의 본질은 생산과 소비의 동기화를 실현하는 것입니다. 오노는 손님이 자동차를 구매하는 속도로 제조할 수 있으면 쓸데없는 재고를 만들지 않아서 자동차가 팔리지 않는 시기에도 회사가 성장해 직원을 계속 고용할 수 있다고 전후 무렵부터 생각했습니다. 이런 생산 방식의 본질은 서비스의 정의 중 하나인 생산과 소비의 동시성과 완전히 같다고 할 수 있죠.

오노는 아마도 서비스업 같은 생산 모델을 공장 안에 만들려 하지 않았나 싶습니다. 극단적으로 말하자면, 도요타의 생산 방식은 제조업의 생산 모델이 아니라 서비스업의 생산 방법을 모델화했다고도 할 수 있습니다.

—— 그렇군요. 서비스업도 저스트 인 타임으로 손님이 원할 때 필요한 직원 수로 필요한 서비스를 제공하면 낭비가 없어지겠네요.

맞습니다. 그것이 적정한 인원 배치입니다. 서비스업은 생산시간이 압도적으로 짧고, 제조업과 비교하면 거의 재고가 없다고 할 수 있는 조건으로 생산 활동을 합니다. 제2차 생산성 혁명으로 도요타의 생산 방식을 뛰어넘는 생산 모델을 만들 수 없다면 서비스업은 역시 제조업을 본받아야 한다는 소리를 들을 테죠.

—— 순간 그럴듯했는데, 잠깐만요. 서비스업은 자동차를 만드는 것과 달리 공장 내에서 완전하게 관리되지 못해요. 언제 마음을 바꿀지 모르는 변덕스러운 손님을 대응해야 하기 때문에 분명히 저스트 인 타임 같은 방식은 어려울 거예요.

물론 제조업과 같을 수는 없죠. 서비스업에는 비교할 수 없이 복잡한 생산 방법이 요구되며, 제조업에서 같은 기계화로는 쉽게 문제를 해결할 수 없습니다. 게으름을 피우고 있던 것이 아니라, 아마 이와 같이 해답을 찾기가 매우 어려웠기 때문에 이제까지 생산성을 높이려는 움직임에서 뒤처졌던 것이 아닐까 싶어요.

게다가 서비스업은 "손님이 왕이다"라는 말처럼 변덕스러운 손님의 기분을 맞추기 위해 불필요하게 많은 직원을 현장에 배치해 왔습니다. 손님이 얼마든지 있고 매출이 점점 늘어가던 시절에는 그래도 어떻게든 버텨왔지만, 결국 지금은 그 방법도 한계에 다다랐어요. 이제는 생산성을 높이려는 노력에 진지하게 몰두해야 하는 때입니다.

기계화가 만능은 아니다

—— 기계화라는 말이 나왔는데, 서비스업도 로봇이나 AI(인공지능), 빅데이터 등을 받아들이면 생산성이 높아지지 않을까요?

국수 가게에 로봇을 넣으면 어떨 것 같나요?

—— 그렇게 연출한 가게가 실제로도 있을 것 같긴 하네요.

엔터테인먼트로 말이죠. 회전초밥처럼 레일에 올려놓고 국수를 운반하는 가게가 앞으로 나올지도 모르겠네요. 로봇화로 생산성을 높이는 것은 어떨지 생각해봅시다. 로봇은 어떤 일 하나를 빠르게 대량으로 처리하는 데는 적합하지만, 무엇을 말할지 모르는 손님에게 대응하면서 정확한 서비스를 제공하는 것은 어렵겠죠.

중소·영세업체가 대부분인 국수 가게에서 로봇으로 생산성을 높이려는 시도는 아무리 생각해도 현실적인 해결책이 아닙니다. AI도 의문입니다. 지금 이 카페에서 커피를 마시고 있지만, 내일 여기에 오면 파스타를 주문할 수도 있고, 갑작스러운 출장으로 아예 오지 않을 수도 있습니다. 손님의 주관과 상황에 따라서 할 일이 정해지는 것이 바로 서비스업의 세계입니다. 이런 세계에서 지금과 같은 수준의 AI는 아직 활용하기 어려워요.

그렇다고 해서 어떤 사람이 있으면 뛰어난 품질의 서비스가 제대로 제공되는데, 그 사람이 없으면 일이 돌아가지 않는 상황도 곤란합니다. 사람의 의욕과 능력에 의존하는 것도 중요하지만 그렇게만 하면 작업의 재현성을 보장할 수 없습니다. 서비스업에 과학적인 접근이 꼭 필요하나 그 방법이 로봇이나 AI의 도입은 아닙니다. 제가 말하는 과학적 접근은 바로 객관성과 재현성이에요.

━━━ 객관성과 재현성이요?

점원이 제게 주문을 받는다고 해봅시다. 점원은 자신이 떠올린 즉흥적인 생각으로 움직이는 게 아니라 제가 커피를 부탁했기 때문에 커피를 가져다줍니다. 제대로 된 근거를 바탕으로 일하고 있어요. 반면에 점원이 제 얼굴을 보고 '이 손님은 아마 커피를 마시고 싶겠지'라고 근거 없이 상상하거나 '늘 커피를 시켰으니 오늘도 그렇겠지'라고 예측하는 것은 주관이지 과학적인 것이 아닙니다. 그래서 일단 당연하게도 객관성을 갖는 것이 과학적인 접근의 대전제입니다.

다른 하나가 재현성이에요. 재현성은 똑같은 일을 했을 때 조건만 바뀌지 않으면 반드시 같은 결과를 얻는 것입니다. 그것을 형태로 만들면 매뉴얼이 됩니다. 이렇게 말하면 "매뉴얼화하면 무미건조한 서비스가 된다"거나 "서비스업은 손님을 환대하는 산업이다. 손님의 상황에 따라 유연히 대처해야 하므로, 고정된 매뉴얼은 적합하지 않다"라는 식으로 반발하는 사람이 반드시 나옵니다. 확실히 그런 부분도 있겠지만, 국수의 맛이 매번 다르면 과연 손님이 다시 찾아올까요? 이런 면도 생각해야 하죠. 매뉴얼로 기준이 되는 지침을 만들면 즉흥적으로 움직이지 않고 반복해서 같은 서비스를 제공할 수 있습니다.

서비스의 실체를 잡아라

—— 이렇게 특성이 뚜렷하니, 제조업과는 전혀 다른 접근법으로 생산성을 높일 수밖에 없겠네요. 서비스라는 말은 정말 친숙하지만 경

영의 측면에서는 매우 심오하군요.

생산성을 '부가가치÷노동투입량'으로 정의할 수 있다고 했지만, 좀 더 와닿는 표현으로 '손님이 원하는 서비스를 낭비 없이 제공하는 것'이라고도 정의할 수 있습니다. 생산성 향상이란 손님이 원하는 요구와 현장에서 일하는 직원의 행동이 겹치는 공통부분을 극대화하는 것입니다. 수학의 벤다이어그램으로 나타내면 〈도표 6〉과 같습니다.

손님의 요구와 직원의 행동, 이 두 가지 집합이 겹친 곳이 '서비스'입니다. 손님이 만족하게 만들기 위해 직원이 행동하기 때문에 회사는 매출을 올릴 수 있습니다. 겹치지 않는 부분의 한쪽은 요구는 있지만 직원이 움직이지 않는 기회 손실이며 이런 경우 손님은 '불만'을 느낍니다. 다른 한쪽은 손님이 요구하지 않은 행동을 직원이 하는 경우로 '낭비'가 됩니다.

생산성을 높이는 접근법은 이런 불만과 낭비를 모두 최소화하고 겹치는 공통부분을 최대화하는 것입니다. 저는 이 집합 모델을 '서비스 키네틱스 원칙'이라고 이름 붙였습니다. 자세한 것은 2부에서 설명할게요.

—— **요구와 행동의 공통부분이 서비스라는 말은 쉽게 이해되네요. 서비스는 막연히 대접이라고 생각했는데, 신선한 관점이에요.**

자신이 할 일과 하지 않아도 될 일이 무엇인지 생각하는 것은 매

<도표 6> 서비스의 정의

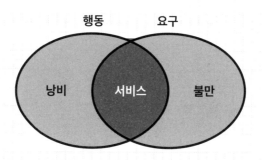

서비스는 행동과 요구의 공통부분이다

[서비스=행동∩요구]

[낭비=행동-요구]
[불만=요구-행동]

 손님이 원하지 않는 일은 아무리 열심히 해도 낭비며, 손님의 요구에 맞는 것이
서비스다.

우 중요합니다. 이것을 독자적으로 구분하는 곳이 있습니다. 139채의 비즈니스호텔을 운영하는 슈퍼호텔입니다. 슈퍼호텔에서는 모든 업무를 일, 작업, 낭비 세 가지로 분류해서 끊임없이 업무 절차를 재검토합니다.

여기서 말하는 '일'이란 손님의 만족도를 높이는 업무입니다. '작업'이란 손님의 만족도를 높이지는 않지만, 없애지 못하는 업무입니다. '낭비'는 손님의 만족도를 높이지도 못하고, 할 필요도 없는 업무입니다. 현장의 모든 업무를 이렇게 분류하면 낭비가 보이는데, 막상 실제로 나누려고 하면 분류하기 어려운 경우도 많아요.

그때 필요한 것이 회사의 신념이나 상품에 대한 전략입니다. 슈퍼호텔에서는 '안전하고 청결하며 숙면할 수 있는 비즈니스호텔'로 자사의 신념을 정의했습니다. 이처럼 명확한 신념이 있었기에 그것에 해당하지 않는 업무를 과감히 잘라낼 수 있었습니다.

슈퍼호텔의 객실에는 유선전화가 없습니다. 체크인 카드도 폐지하고 손님이 개인 정보를 태블릿 단말기에 직접 입력합니다. 종이나 카드를 보관하는 공간이 필요하지 않습니다. 단순한 효율화로 끝내지 않고, 입력 내용을 사내 데이터베이스와 연동시켜 '끝쪽 방을 선호함'과 같은 식의 손님에 대한 정보를 전 지점에서 일원화해 관리함으로써 쾌적한 수면을 위한 서비스에 활용합니다.

슈퍼호텔에서는 낭비를 철저히 없애는 동시에 IT화, 표준화, 아웃소싱 등으로 작업해 직원의 부담을 최대한 줄입니다. 그렇게 하

<도표 7> 업무의 종류

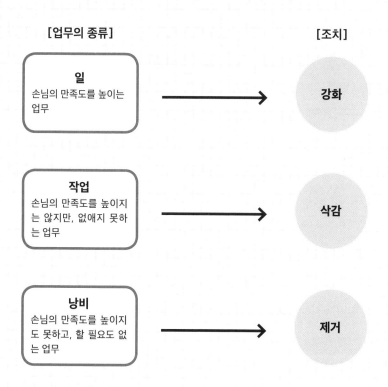

[업무의 종류]

일
손님의 만족도를 높이는
업무

→ **강화**

작업
손님의 만족도를 높이지
는 않지만, 없애지 못하
는 업무

→ **삭감**

낭비
손님의 만족도를 높이지
도 못하고, 할 필요도 없
는 업무

→ **제거**

[조치]

업무를 세 가지로 분류하면 손님이 원하는 서비스에 더 집중하게 돼 매출이 늘
어난다.

면 손님을 만족시키기 위해 더 많은 시간을 쓸 수 있기 때문입니다. 호텔 회장은 "항상 업무를 재점검해서 점점 서비스를 진화시킵니다"라고 말합니다.

고객 만족이 직원에게 동기를 준다

—— 그런데 자기 신념대로 업무를 줄이다 보면 손님이 만족하는 결과로 이어지지 않는 경우도 있지 않나요?

좋은 질문이네요. 좀 전에 말씀드린 손님의 요구와 직원의 행동이라는 집합을 겹치게 하는 데는 두 가지 방식이 있습니다. 하나는 자사의 신념이나 타깃이 되는 손님을 고정하고 낭비를 줄이면서 회사가 고집하는 서비스를 원하는 손님을 늘려가는 방식입니다. 또 다른 하나는 직원의 행동 자체를 손님의 요구에 가깝게 맞추는 방식입니다. 요구의 집합에 행동의 집합을 끌어넣는 것이죠.

슈퍼호텔은 타깃 손님을 '자주 묵는 직장인'으로 좁혀서 이에 맞는 서비스 내용, 제공 방법, 시설 설계 등을 갖췄습니다. 신념과 타깃을 고정하는 방법이죠. 타깃으로 하는 손님의 만족도를 극한까지 높이기 위해 프런트에서는 호텔을 자주 이용하는 단골손님을 가능한 한 이름으로 부르기도 합니다. 또한 수면의 질을 높이는 데 도움이 되도록 침대와 실내복은 품질이 뛰어난 것으로 준비하고 손님이 원하는 베개를 선택할 수 있게 했습니다.

손님과의 적극적인 대화나 객실에 비치한 설문지로 손님의 요구 사항을 알아냅니다. 서비스를 개선할 때는 먼저 일부 점포에서 실시하고 효과를 평가한 뒤 다른 점포로 영역을 넓히며 수평적으로 전개합니다. 이에 따라 평균 객실 가동률이 90%에 가까워졌고 재방문 손님은 70%에 달한다고 합니다.

한편 비즈니스호텔인 난카이구라시키는 손님의 요구에 행동을 맞추는 방법을 사용합니다. 직원들이 손님 개개인의 만족을 철저히 추구해서 높은 평가를 받고 있으며, 알 만한 사람은 다 아는 하나뿐인 비즈니스호텔입니다.

이 호텔은 건축 연수도 오래되고 방도 좁으며 변기와 욕조가 함께 있는 욕실에 목욕탕도 없습니다. 호텔의 대표는 이대로는 대기업 체인에 대항할 수 없다고 판단해 창업할 때부터 서비스 능력으로 손님 만족에 깊이를 더했습니다.

호텔의 대표는 전국에 체인점이 있는 큰 호텔에서는 굳이 하려고 들지 않는 일을 하기로 했습니다. 직원들은 손님을 살피고 배려하며 신경 쓰려고 애씁니다. 손님과의 대화에 세심히 주의를 기울여 로비에 투숙객이 있으면 취향에 맞는 차나 커피를 내옵니다. 손님이 식사 중에 약을 테이블에 꺼내놓으면 체온과 비슷한 온도의 물을 갖고 갑니다. 손님이 호텔을 나갈 때는 보이지 않을 때까지 배웅합니다. 이런 방식으로 재방문 손님이 많은 인기 호텔이 돼 주변의 다른 경쟁 비즈니스호텔에 비해 높은 가동률과 숙박 단가를 이뤄 냈습니다.

방법에 정답은 없습니다. 어쨌든 손님의 요구와 직원의 행동이 겹치도록 업무 절차를 철저하게 바꿔가면 됩니다.

──── 업무 절차를 바꾸려면 직원들의 의식을 개편하는 데 힘써서 어떻게 의욕을 끌어낼지 궁리해야겠네요.

아니요. 오히려 정반대입니다. 생산성이 높아지면 손님의 만족도가 같이 높아지면서 결과적으로 직원들의 의욕도 올라갑니다. 경영자가 직원에게 아무리 의욕을 가지라거나 보람을 느끼고 노력하라고 말해도 오래갈 수 없어요. 그러면 직원들의 싸늘한 시선이 느껴질 것입니다. 의욕을 높일 수 있는 것은 경영자나 인사고과가 아닙니다. 경영자들은 이상하게도 이런 사실을 깨닫지 못해요.

큰 회사에서 근무하든 작은 가게에서 근무하든 어떤 직원에게 물어도, 제공한 서비스에 손님이 고마움을 느끼며 다시 방문할 때 의욕이 오른다고 합니다. 의욕을 끌어올리는 것은 경영자가 아니라 손님입니다. 특히 서비스업은 직원이 손님에게 직접 뭔가를 제공하니까요. 의욕이 오르면 직원은 누군가 굳이 말하지 않아도 저절로 보람을 느껴 노력하게 됩니다.

반대로 손님이 기뻐하지 않거나 필요성을 느끼지 않는 업무에 시간을 들여야 할 때는 의욕이 오르지 않습니다. 쓸데없는 노력을 해야 할 때나 의미를 찾을 수 없는 업무에 수고를 들여야 할 때 직원의 의욕은 떨어집니다.

　손님의 만족도를 높이는 업무에 집중하고 쓸데없는 행동을 하지 않을 때 직접적으로 직원들의 의욕이 올라 생산성 개편에 가장 큰 효과가 있습니다. 일의 본질은 손님에게 기쁨을 주는 것입니다. 사내 운동회나 회식 등으로 커뮤니케이션을 좋게 하는 방법만으로는 의욕을 끌어올릴 수 없습니다.

━━━ 그 생각에 무척 동의합니다. 그렇지만 경영자가 직원의 의욕을 끌어올리려고 노력하지 않은 채, 쓸데없는 일은 관두고 서비스를 하라며 그저 지시한다고 해서 직원들이 이를 해낼 수 있을까요?

　물론 직원들에게 일의 효율성을 떨어뜨리는 부분을 정리하라고 해도 현실적으로는 잘 되지 않죠. 다들 자신의 일 중 효율을 떨어뜨리는 부분을 모르기 때문입니다. 그래서 경영자는 먼저 자사가 제공하는 서비스를 명확히 한 다음, 손님의 만족도를 높이기 위해 우선 직원 스스로에게 서비스를 제공하는 방법을 재검토하게 해야 합니다. 낭비를 줄이는 것을 제일의 목적으로 해서는 안 됩니다. 그러면 직원은 손님의 만족도를 높이기 위한 어떤 업무를 추가했을 때 대신에 다른 업무를 줄일 방법을 생각하게 됩니다. 경영자는 직원이 서비스 제공 방법을 재검토할 구조를 만드는 역할을 해야 합니다.

　"초과근무를 줄이면 매출이 줄어드니 시간을 단축할 수 없습니다"라고 한탄하는 경영자들은 작업시간과 노동시간의 차이와 일, 작업, 낭비의 분류부터 먼저 생각해봐야 합니다. 이를 제대로 파악하지 못하고 업무를 개선하면 본래는 없애야 할 쓸데없는 업무까지 현장에 남게 됩니다.

손님의 요구에 제대로 대응하면 손님의 만족도가 높아지고 낭비도 줄어들어 직원의 초과근무가 줄게 되므로 생산성이 높아질 것입니다. 그러면 당연히 직원의 의욕이 오르게 됩니다.

일손 부족은 생산성이 낮다는 증거

—— 직원들이 자신의 일을 낭비라고 생각하지 않는다면, "지금까지 한 작업은 헛수고였으니 그만 멈추세요"라고 할 때 반발이 있겠죠.

헛수고니까 그 업무를 중단하라는 것이 아니라 "생산성을 높여 서비스의 품질을 끌어올림으로써 손님에게 기쁨을 주는 것이 목적입니다"라고 현장에서 일하는 직원에게 명확히 전해야 합니다. 그렇지 않으면 큰 혼란에 빠질 것입니다. 앞서 말한 호텔시라기쿠의 부지배인은 자사의 방침에 대해 "손님이 요구하지 않는 일을 그만하는 대신에 요구하는 일은 모두 합시다"라고 직원들에게 전했습니다.

이런 자세가 중요하지 이익 제일주의로 낭비되는 일을 무조건 없애자는 말이 아닙니다. 낭비를 없애고 그 여력으로 한층 더 적극적으로 손님의 요구에 응하는 것이 생산성을 높이는 일이라고 직원들도 납득해야 합니다. 이익은 모든 개편의 결과로 따라오는 것입니다.

료칸 그란디아호센은 과거 연간 휴일이 불과 72일뿐이었습니다. 호텔시라기쿠보다 더 심각했죠. 개편을 결단한 전무는 생산성을 높여 휴일을 일주일에 2일, 연간 105일까지 늘리겠다고 선포했습니다. 처음에는 "그동안 우리가 해 온 일은 헛수고였나요?"라든가 "저는 쓸모없는 사람이었나요?"라며 노골적으로 불만을 토로하는 직원도 있었다고 합니다. 전무는 이렇게 설득했습니다.

"단순히 낭비를 없애려는 게 아닙니다. 낭비를 없애서 생겨난 여력을 서비스의 품질을 끌어올리는 쪽으로 돌리는 게 목적이에요. 여러분은 결코 헛수고를 하지 않았지만 하고 있는 일은 낭비일지도 모릅니다. 꼭 필요한 일과 불필요한 작업을 구분해서 더 생산적인 일을 합시다."

—— 일하는 방식이 앞서 예로 든 슈퍼호텔과 같네요.

맞아요. 생산성 개편의 본질은 같습니다. 그란디아호센이 가장 먼저 시작한 것은 식사 준비에 관한 업무를 개선하는 일이었어요. 본래 저녁 식사 시작은 2부제로, 사람들이 한꺼번에 몰리는 것을 피해 오후 5시 반과 7시 반에 손님을 나눠 받았어요. 직원들은 영업 개시 2시간 전에 출근해서 1부와 2부의 좌석표를 만들어 미리 테이블을 세팅했습니다.

잘못된 과정이 없는 것처럼 보이지만, 손님은 변덕스럽기 때문에 예정을 갑자기 변경하거나 인원이 바뀌기도 했습니다. 그때마다 손님을 기다리게 한 뒤 새로 좌석표를 만들었다고 합니다. 이대로는 공들여 준비한 작업이 물거품이 되죠. 그래서 2부제를 폐지하고 손님이 원하는 시간에 자유롭게 오도록 했습니다. 세팅 준비를 할 필요가 없으니 직원들은 15분 전에 오면 됐습니다. 이것만으로 하루에 2시간 정도가 단축됐죠. 막상 뚜껑을 열어 보니 의외로 혼란은 없었고 손님들은 자연스럽게 분산됐습니다.

그렇다고 해도 시간에 따라서는 손님이 몰리는 때도 있기 때문에 그 시간대만 직원을 늘리거나 "오후 6시 전후는 혼잡합니다"라고 체크인 때 설명했습니다. 그러자 손님들이 알아서 혼잡한 시간대를 피했고, 설령 다소 기다리더라도 불평은 나오지 않았습니다. 생각지 못한 이점도 있었죠. 손님 앞에서 세팅하기 때문에 접객시간이 늘어나 손님의 요구를 정중하게 들을 수 있게 됐습니다.

개편을 추진하며 그란디아호센의 전무가 꺼낸 비장의 카드는 직원들에게 여러 일을 겸하게 하는 것이었습니다. 전무는 직원들에게 이렇게 부탁했습니다.

"휴일을 지금보다 30일 늘리고 급여는 그대로 하겠습니다. 이보다 좋은 소식이 있을까요? 물론 없겠죠. 저는 그런 마술 같은 일은 할 수 없어요. 그래서 지금 하는 업무에 더해 다른 일도 조금 해줬으면 합니다."

한 사람이 여러 일을 하는 것을 멀티태스킹이라고 합니다. 멀티
태스킹을 통해 더 적은 직원 수로 업무를 처리함으로써 쓸데없는
시간이 줄어들자 접객시간이 늘어 손님의 만족도가 높아졌습니다.
직원의 만족도도 높아졌고 무엇보다 스스로 노력하게 됐죠.

결과적으로 그란디아호센에는 일손 부족 문제가 사라져 주 5일
근무제가 이뤄졌습니다. 이전에는 간신히 손익분기점에 이르는 수
준이었지만, 초과근무가 일주일에 2시간 정도로 줄었음에도 경상
이익률(기업의 정상적인 영업 거래 활동과 영업 외 거래 활동으로 발생한 이
익을 매출액으로 나누어서 얻어진 수익성의 비율-옮긴이)은 10%까지 올
랐습니다. 창업 이래 처음으로 휴관일을 연간 10일 정도 마련해 직
원들이 쉴 수 있었고, 관내 유지 보수도 효율적으로 실시했습니다.

전무는 과거를 반성하면서 "일손이 부족하다는 말은 회사가 얼
마나 비생산적인지 광고하는 것과 같습니다. 경영자가 얼마만큼 진
심이 되느냐에 모든 것이 달려 있습니다"라고 강조했습니다. 일손
이 부족해 어렵다고 푸념하는 경영자들에게 꼭 들려주고 싶은 말
이네요.

**═══ 손님을 위해서 실시하던 저녁 2부제가 사실은 손님에게도 직원
에게도 좋은 게 아니었군요. 이런 착각은 여러 가지가 있겠죠?**

오랫동안 관습적으로 해 온 것은 실제 현장에 맞지 않는데도 마

치 필요한 것이라고 착각하기 쉽습니다. 관리자나 경영자가 업무 절차를 의식적으로 바꾸려고 하지 않는 한 현장에서 일하는 직원이 자연적으로 먼저 개선을 시작하는 경우는 거의 없습니다. 경영자가 관심을 기울이고 고민해야 할 것은 '바쁠 때 얼마나 적은 인원으로 일을 돌아가게 할 수 있을까?'가 아니라 '바쁘지 않을 때 얼마나 적은 인원으로 일을 돌아가게 할 수 있을까?'입니다.

──── 바쁠 때 적은 인원으로 효율적인 대응을 하는 것이 생산성을 높이는 방법 아닌가요?

아니에요. 흔히들 착각하기 쉬운 부분인데 바쁘지 않을 때 직원이 손을 놓고 있는 시간, 즉 대기시간을 줄이는 방법이 생산성을 높여줍니다. 경영자가 조절해야 할 것은 바쁜 시간대가 아니라 한가한 날이나 한가한 날의 시간대입니다.

멀티태스킹의 이점도 바쁠 때가 아니라 한가할 때 발휘됩니다. 업무나 손님이 적은 시간대에 1인 2역의 멀티태스킹으로 일을 돌리면 직원의 절반은 쉴 수 있어 총노동시간이 크게 줄어듭니다.

고정비라고 생각했던 인건비가 교대 근무라는 관점에서 보면 손님 수에 따라 달라지는 변동비가 돼 비용을 아낄 수 있습니다. 교대 근무 관리의 중요성은 바쁠 때가 아니라 바로 한가할 때 빛을 발하죠.

━━━ 그렇군요! 정말 놀랄 만한 이야기네요. 하지만 멀티태스킹화를 시작하는 건 간단한 일이 아닐 것 같은데요? 적어도 제조업에서는 멀티태스킹에 시간이 걸려요.

말씀하시는 대로입니다. 사실 제가 개편을 돕는 회사에서도 "멀티태스킹화가 잘 안된다", "효과적으로 돌아가지 않는다"라는 이야기를 자주 들었습니다. 왜 멀티태스킹이 제대로 안될까요? 가장 큰 이유는 경영자나 현장 관리자가 부서 단위로 현장을 보는 한계를 벗어나지 못하기 때문이라고 봅니다.

관리자는 가급적 자신의 부서 내에서 일을 끝내려고 합니다. 물론 책임감 때문이겠지요. 그렇지만 어떻게든 부서 내에서 일이 끝난다는 것은 부서 안의 일만 할 뿐, 멀티태스킹을 하지 않는다는 뜻입니다. 바쁘지만 현재 인력으로 해결할 수 있으니 외부 인력의 도움은 받지 않는다는 것이죠.

그래서 저는 현장 인원을 줄여야 한다고 조언합니다. 점점 줄이다가 '이제 사람이 부족하다', '당장 도움이 필요하다'라고 생각할 때가 적정 인원이며, 그렇지 않은 동안에는 과잉 인원이라는 것입니다. 멀티태스킹화가 잘되지 않을 때 하는 과감한 방법이지만, 결과적으로는 지름길이 됩니다.

실제로 멀티태스킹을 하면 그 업무에 익숙하지 않은 사람이 들어오기 때문에 당연히 각 부서의 업무 생산성이 떨어집니다. 여기서도 착각하기 쉬우므로 주의해야 하는데, 오로지 그 업무만 해 온 사람에 비하면 일이 늦고 실수를 하는 것은 당연합니다. 프런트 담당이 배식을 도와주면 틀림없이 능숙하지는 않겠죠. 익숙해질 때까지 기다리는 수밖에 없을 듯하지만 오히려 이런 기회를 통해 업무 단순화와 표준화를 진행해서, 누가 오든 바로 제몫을 다할 수 있게 만들어야 합니다.

이렇게 멀티태스킹화는 개별적인 부서 단위로 보면 생산성을 낮추지만, 조직 전체로 보면 투입해야 하는 고정 인원을 줄일 수 있기 때문에 생산성이 높아집니다. 이 점 역시 제대로 현장에 납득시켜야 합니다. "다른 사람에게 업무가 느리다고 말하면 안 됩니다. 서로 일을 도와야 모두의 휴가가 늘어나고 급여도 오릅니다"라고 정중히 설명해야 합니다.

또한 과감히 휴일을 늘려보면 알겠지만, 직원들은 당연히 휴일에 출근하고 싶어 하지 않습니다. 상사도 휴일에 출근하라고 명령하고 싶지 않으니 모두 함께 더 효율적인 업무나 방식을 궁리하게 됩니다. 그 과정에서 멀티태스킹화가 진행돼 지금까지와 같은 업무량을 해내게 되죠.

생산성 높은 노동 방식이 가능해지면 매출과 이익이 전부 늘어나 급여나 상여도 서서히 오를 것입니다. 급여가 오르면, 직원들은 생산성을 높인다는 것에 대해 이해하고 더욱 노력합니다. 이렇게 생산성 향상의 선순환이 만들어집니다.

생산성 향상의 비밀, 실시간 서비스법

—— 호텔에서 느낀 것이 있는데, 손님이 없어도 프런트에 사람이 계속 서 있더군요. 로비 청소라도 하면 좋을 텐데요.

많은 호텔 경영자가 프런트 담당이 1명이라도 서 있지 않으면 '막상 손님이 왔을 때 손님을 기다리게 할 수 있다. 호텔 서비스에서 이런 점은 허용되지 않는다'라고 생각합니다. 하지만 최근에는 한산한 시간에 프런트에 사람 대신 벨을 두는 곳도 많아졌습니다.

이사와건강랜드는 유연한 멀티태스킹으로 성공한 사례입니다. 목욕탕, 사우나, 식당, 노래방 등을 즐길 수 있는 이곳에서는 현관에 직원을 배치해서 단골손님이 오면 이름을 부르며 맞이하도록 합니다. 숙박의 유무나 어떤 서비스를 원하는지 손님에게 묻는 것도 현관 담당의 역할입니다. 현관 담당은 계속 현관에만 있는 것이 아니라 저녁 무렵 손님이 많아지는 시간에는 프런트에서 체크인 작업을 돕고, 현관과 프런트를 왔다 갔다 하며 손님을 맞습니다.

손님의 발길이 최고조에 달하면 목욕탕이나 안쪽 사무실에 있던 직원이 프런트로 들어갑니다. 체크인이 일단락되면 바빠지는 곳으로 이번에는 프런트 담당이 지원을 갑니다. 목욕탕이 붐비면 욕실 정리정돈 인원을 늘리고, 식사하는 넓은 공간이 바빠지면 서빙과 식기 반납을 돕습니다.

직원들은 무전기와 휴대전화를 이용해 손님이 어디에 몰리는지 정보를 공유해서 많이 붐비는 곳으로 이동합니다. 이런 식으로 일을 시작한 지 2년 만에 직원들의 총노동시간은 약 10%나 줄었고 손님 수는 오히려 많아져 생산성 향상의 표본을 보여주고 있습니다.

이사와건강랜드의 이사는 이 노동 방식을 "하늘에서 손님의 흐름을 보고, 직원을 움직이는 느낌이다"라고 표현했습니다. 저는 손님의 흐름에 맞춰 직원을 이동시키는 것을 소년 축구에 비유합니다. 어린아이들의 축구 경기에는 기본적으로 포지션이나 전술 등이 없기 때문에 모두가 공을 쫓아 일제히 움직이며 천진난만하게 공을 찹니다. 손님은 축구공처럼 변덕스러워서 어디로 갈지 모릅니다. 그 움직임을 보면서 상황에 따라 직원을 임기응변으로 움직이면 낭비가 줄어들어 손님이 원하는 서비스를 재빨리 제공할 수 있으므로 손님의 만족도가 높아집니다.

얼핏 보면 쫓기듯 바쁜 것처럼 느껴지지만 사실 한가한 부서의 대기시간을 줄이는 데 소년 축구 이론은 효과적인 방법입니다. 저는 이것을 '실시간 서비스법'이라고 이름 붙였습니다. 서비스업의 생산성을 높이는 핵심 이론입니다.

━━ 도요타의 '저스트 인 타임' 생산 방식을 발전시킨 개념인가요?

비슷하다고 볼 수도 있겠네요. 하지만 반드시 접객의 타이밍에 맞춰 대응하는 것은 아닙니다. 현장에서 필요한 다양한 준비 작업을 포함해 '필요할 때 필요한 업무를 한다'는 의미로, '실시간 서비스법'이라고 이름 붙였습니다.

실시간 서비스법은 현장 업무의 장소, 시간, 정보를 가능한 한 손님에게 가깝게 한다는 사고방식입니다. 장소는 각 업무를 수행하는 장소를 손님에게 가깝게 하는 것, 시간은 각 업무를 수행하는 타이밍을 손님에게 가깝게 하는 것, 정보는 손님이 원하는 것과 제공하는 서비스 내용의 차이를 줄이는 것입니다.

온천 료칸 가가야는 객실 담당 직원이 손님 개개인에게 정중히 대응해 높은 평가를 받습니다. 일반적인 온천 료칸에서는 유카타(일본의 전통 의상으로 주로 여름이나 목욕 후에 입는다_옮긴이)를 S, M, L의 모든 사이즈별로 손님 수만큼 객실에 준비해둡니다. 객실에 머무는 손님이 3명이라면 9장이 필요하죠.

가가야에서는 객실에 모든 사이즈의 유카타를 준비해놓는 대신, 객실 담당 직원이 손님을 방까지 안내할 때 개별적으로 신장을 확인해서 손님에게 맞는 사이즈의 옷을 보냅니다. 체크인이 집중되는 시간대에는 가능한 한 쓸데없는 일을 하지 않고 미리 끝내고 싶은 마음도 이해하지만, 업무를 손님의 움직임에 가깝게 맞추자 손님과의 대화가 늘었고, 사이즈에 맞지 않는 유카타를 잘못 펼치는 일도 없어졌습니다.

료칸 측에서도 유카타의 재고량을 줄이고 잘못 펼친 옷의 세탁비를 아낄 수 있었습니다. 서비스를 제공하는 타이밍을 살려 정보를 손님에게 가깝도록 맞춘 예입니다.

<도표 8> 실시간 서비스법

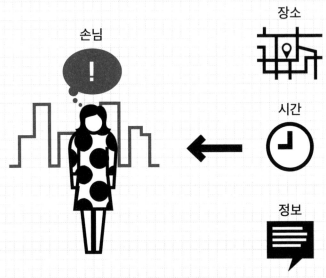

장소, 시간, 정보를 손님에게 가깝게 한다

 현장 업무의 장소, 시간, 정보를 가능한 한 손님에게 가깝게 하면 생산성이 확 높아진다.

잘하는 사람에게 일을 몰아서 빨리하게 만드는 편이 효율적이라는 생각은 손님이 많아서 항상 공급이 부족해 대량 생산이 필요했던 20세기까지의 방식입니다. 료칸으로 말하자면, 손님은 줄어드는데 지금도 생선회를 미리 썰어서 준비하는 곳이 있습니다. 단체 손님 중심인 큰 연회가 당연했던 시대의 흔적이 이어진 것입니다. 요리를 일찍 만들어 둘 경우 맛이 떨어지고, 예약이 변경되면 낭비되는 재료도 나옵니다. 실시간 서비스법으로 손님의 식사시간에 맞춰서 조리하면 더욱 효율적이고 손님의 만족도도 높아지겠죠.

—— **정리하자면 서비스는 손님의 요구와 직원의 행동 사이에 있는 공통부분이고, 생산성을 높이는 비장의 카드는 실시간 서비스법이라는 말이군요. 왠지 서비스업의 생산성을 높이는 일이 단숨에 진행될 것 같은 생각이 드네요. 좀 더 구체적으로 알고 싶어요.**

알겠습니다. 그러면 생산성을 높이기 위한 접근법을 항목별로 하나하나 소개하겠습니다. '내 사업장에 반영한다면 여기를 이렇게 바꾸면 되겠구나'라는 식으로 현장에 대입하면서 읽어 보시기 바랍니다.

2부

생산성이 올라가고
시간이 단축되는 방법

6단계 활용법을 소개하며

지금부터는 현장의 생산성을 높여서 시간을 단축하는 구체적인 방법을 알아본다. 6단계에 걸친 활용법을 차근차근 따라 하다 보면 시간 단축에 이르는 길을 성공적으로 밟아나갈 수 있을 것이다. 각 단계마다 현장에 바로 적용할 수 있도록 도와주는 총 14개의 포인트도 함께 소개한다.

다음은 6단계에 대한 간략한 설명이다.

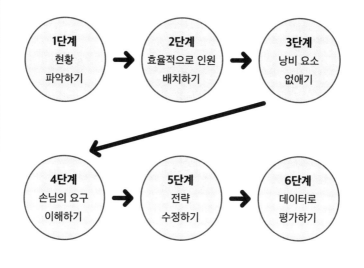

1단계: 현황 파악하기

생산성이 오르지 않는 것은 오르지 않을 만한 이유가 있기 때문이다. 원인은 분명히 현장 어딘가에 있다. 따라서 가장 먼저 현장의 상황을 제대로 파악해야 한다.

2단계: 효율적으로 인원 배치하기

인원 배치로 인력 낭비를 없앤다는 말은 갑자기 직원 수를 줄이거나 업무 효율화를 진행하라는 이야기가 아니다. 적정한 인원을 투입할 수 있는 교대 근무를 어떻게 편성해야 좋은지에 대한 이야기다.

3단계: 낭비 요소 없애기

모든 업무를 일, 작업, 낭비로 분류하는 것이 첫걸음이다. 낭비되는 부분을 없애고 업무 개선을 어떻게 추진해야 할지 설명한다.

4단계: 손님의 요구 이해하기

손님의 요구를 제대로 이해한다면, 거기에 맞춰 낭비 없는 인원 배치나 업무 내용으로 재검토할 수 있다. 생산성을 높이는 최종 목표는 업무 절차를 개편함으로써 상품과 서비스의 품질을 올리고 손님의 만족도를 높이는 것이다. 그러기 위해서는 편견을 버리고 솔직하게 손님의 목소리에 귀 기울여야 한다.

5단계: 전략 수정하기

앞의 1단계부터 4단계까지는 전술에 해당한다. 교대 근무와 작업을 재검토하고 생산성을 지속적으로 높이는 것에 더해, 사업의 전략을 생산성이라는 시점에서 재구축하며, 더 높은 생산성을 이룰 수 있도록 도약하는 것을 목표로 한다.

6단계: 데이터로 평가하기

업무 절차를 바꿔서 노동시간을 아무리 단축해도 이로 인해 손님의 불만이 늘거나 이익이 큰 폭으로 줄어든다면 사업을 유지할 수 없다. 여기서는 회계 데이터를 활용해서 생산성을 높이는 일이 어떻게 진행되는지, 개편이 올바른 방향으로 가고 있는지 등을 모니터링하는 방법을 설명한다.

1단계
현황 파악하기

　어떤 회사는 23명의 직원으로 300명의 손님을 맞이한 날이 있는가 하면, 손님 수는 같은 300명인데 직원이 38명이나 출근한 날도 있었다. 적정한 인원 배치가 돼 있지 않은 예로 1부에서도 언급했었다. 사실 적정했을지도 모른다. 손님 수는 같아도 다른 이유로 업무량이 많아 직원이 많이 출근했을 수도 있기 때문이다.

　'그날은 힘들었다'는 느낌이나 기억으로 과거를 되돌아보는 것이 아니라 데이터로 확실히 상황을 파악한다면, 객관적으로 실정을 분석할 수 있으므로 업무 개선이 가능하다. 여기서는 우선 감으로 하는 논의에 빠지지 않도록 현장에서 무슨 일이 일어나는지 객관적으로 파악하는 방법을 소개한다.

포인트 ①
근무 편성을 데이터로 분석하라

매일의 노동량과 업무량을 도표로 만들어 상호관계를 살펴보는 것이 플롯 분석이다. 분석법은 단순하지만, 이를 활용하는 기업은 거의 없다. 현장에서는 "우리는 현장을 확실히 분석해 근무를 편성합니다"라거나 "오히려 사람이 부족할 정도예요"라고 감으로 말할 뿐 근무 편성한 것을 데이터로 만들어 분석하는 회사는 많지 않을 것이다.

플롯 분석은 매우 간단하다. 손님 수, 매출, 주문 수 등 작업량이 반영돼 있을 만한 하루의 데이터를 가로축에 넣는다. 세로축에는 그날의 노동시간, 그것이 어려우면 출근자 수를 넣는다. 그 예가 82쪽의 〈도표 9〉다.

이런 데이터를 일정 기간 모은다. 규모가 작은 업체라면 전체적으로 집계하고, 어느 정도 규모가 크고 부서별로 교대 근무의 관리 상황을 평가하고 싶은 업체라면 부서별로 데이터를 모아도 상관없다.

일례로 84쪽 〈도표10〉을 보자. 이 회사에서는 가로축에 손님 수, 세로축에 투입 인원(출근자 수)을 넣었다. 그리고 매일의 데이터를 일정 기간에 걸쳐 도표로 만들었다. 도표를 보면 작업량이 많을 때는 어느 정도 많은 인원이 투입되고 작업량이 적을 때는 적은 인원 수로 손님에 대응하므로, 얼핏 교대 근무가 제대로 편성된 것처럼

〈도표 9〉 플롯 분석의 도표 작성법

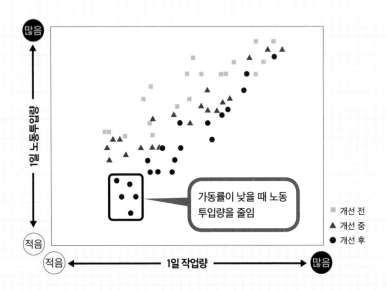

가로축에는 1일 작업량(손님 수, 손님 수에 따라서 변동하는 작업량 등)을 넣고, 세로축에는 1일 노동투입량(총노동시간, 출근자 수 등)을 넣는다. 하루 단위로 점을 찍으면 작업량에 비해 노동투입량이 적정한 수준인지 알 수 있다.

작성할 때는 작업량을 무엇으로 설정하는지가 핵심이다. 음식점이라면 손님 수 외에 제공하는 음식 수, 그룹 수 등이 후보에 오른다. 그중에서 직원의 업무 증감에 가장 영향을 끼치는 요소를 고르면 된다. 위 그림은 실제 회사에서 만든 플롯 분석 도표인데 이렇게 개선 전, 개선 중, 개선 후로 분류하는 방법도 있다.

이 현장은 가동률이 낮을 때는 노동투입량도 제대로 줄어들어 있다. 가동률이 높을 때는 평상시보다 더욱 극진한 서비스를 제공하므로 노동투입량이 높아져 있다.

 플롯 분석 도표는 간단히 만들 수 있는 데다 매일 이뤄지는 교대 근무를 시각화할 수 있으니 꼭 만들어 보자.

보인다. 그러나 자세히 살피면 적정한 인원이 배치되지 않아 교대 근무 관리에 문제가 있는 것이 보인다.

먼저 〈도표 10〉 가로축의 손님 수가 200명 전후인 날을 보자. 손님이 약 200명일 때 출근자 수는 25명 전후인데, 200명을 조금 넘는 날에 약 40명을 투입하는 경우도 있다. 손님 수가 거의 비슷한데 노동투입량에 이 정도로 차이가 나는 이유는 무엇일까? 현장 관리자에게 확인해도 그 이유를 확실히 알 수 없었다.

노동투입량에 이 정도 차이가 있고 제대로 관리도 되지 않으므로, 교대 근무를 적정하게 관리하기만 해도 시간을 단축할 여지가 생기고 생산성을 높일 수 있는 잠재력이 존재한다.

다음으로 보이는 커다란 문제는 투입 인원의 하한선이다. 손님 수가 적은 날에도 근무하는 직원이 20명이나 됐다. 손님이 극단적으로 적은 날에도 20명이 배치되는 것은 투입해야 하는 고정적인 인원이 많다는 뜻이다. 이대로는 회사의 고정비가 내려가지 않아 매출이 줄면 바로 경영을 압박하는 요인이 된다.

게다가 도표를 잘 살펴보면 손님 수가 적을 때는 대충 25명 전후, 많을 때는 35명 전후로 투입 인원이 고정돼 있다. 이를 통해 작업량이 적다고 예측되는 평일에는 25명, 많다고 예측되는 주말에는 35명으로 손님에 대응하는 것이 암묵적인 기준이라고 추측할 수 있다. 실제로 현장에서 확인하니 예상대로 평일 25명, 주말 35명으로 교대 근무를 편성했다.

〈도표 10〉 플롯 분석으로 알 수 있는 정보

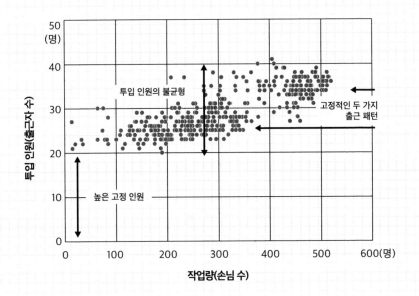

 손님 수는 줄어드는데 노동투입량이 지나치게 많은 지점이 없는지 스스로 분석하는 것이 중요하다.

1부에서 평일과 주말의 두 유형으로 교대 근무를 편성하는 회사를 이야기했는데, 이 회사가 딱 그런 경우다. 손님의 움직임을 보는 것이 아니라 달력을 보면서 출근할 직원 수를 정했다.

손님 수가 적은 평일에도 출근자 수는 거의 고정되므로 현장의 업무량이 줄어든다. 하지만 손놓고 있는 시간이 늘어나도 직원들은 아무 말도 하지 않는다. 손님 수가 적은 것은 매출이 적다는 뜻이므로, 노동투입량이 고정되면 현장의 생산성은 떨어진다. 반면 평일이라도 손님 수가 많은 날이 있을 것이다. 그런 날은 직원들이 바빠서 일손이 부족하다고 느껴 회사에 불만을 토로할지도 모른다.

1부에서 경영자는 바쁜 날을 신경 써서 생산성을 높이려 하지만, 오히려 한가한 날의 생산성에 주목해야 한다고 지적한 까닭이 바로 이 때문이다.

경영자가 교대 근무를 편성할 때 작업량에 따라 투입 인원을 적정하게 조절하려 하면 현장에서는 "인원이 빠듯하면 손님에게 클레임이 들어온다"는 말을 자주 한다. 그런 말을 들으면 고정적인 인원이 많아야 한다고 자연스럽게 판단할 것이다.

그런데 그런 말을 듣고 "실제로 현장에서 어떤 문제가 일어났죠?", "손님에게 구체적인 클레임이나 불만이 나왔나요?"라고 질문하면 제대로 된 대답이 돌아오지 않는다. 많은 현장에서 이렇게 구체적인 근거도 없이 감에 의존해 논의한다. 이것은 생산성을 높이는 데 방해가 될뿐더러 노동시간 단축에도 장해 요소가 된다. 실제로 어느 회사에서 업무량과 실수의 횟수를 조사한 결과 정반대의 상관관계가 나왔다. 한가할 때 실수가 많으며 바쁘다고 반드시 실수를 저지르는 것이 아니라는 이야기다.

만약 손님 200명을 직원 20명으로 응대해서 현장이 문제없이 돌아가고, 손님도 불만을 느끼지 않는다면 적어도 20명 이상의 투입은 과잉이 된다. 그 생산성으로 보면 손님 400~500명을 응대하는 데도 어쩌면 25~30명 정도의 직원으로 충분하며, 그 이상의 인원이 출근할 필요는 없을지도 모른다. 이 현장은 일손 부족은커녕 상당히 사람이 남아도는 양상을 띤다. 시간을 단축하고 투입 인원을 줄일 만한 여지가 얼마든지 있다는 뜻이다.

투입해야 할 직원의 적정 인원은 감으로 결정하는 것이 아니라 데이터와 검증을 바탕으로 하면서 과학적으로 교대 근무를 관리해야 한다. 직원이 일시적으로 바빠서 일손이 부족하다고 말했는데 이를 검증하지 않고 곧바로 일할 사람을 늘리면 어떻게 될까? 바쁜 시간대는 문제없이 돌아가지만, 피크시간 전후 대기시간에 일할 때는 이전만큼 작업 효율이 나지 않고 조금만 바빠도 일손이 부족하다고 느낄지도 모른다.

일손 부족 문제를 사람을 보충하는 것으로 해결하면 일반적으로 바쁜 시간과 한가한 시간의 차이가 큰 서비스업 현장에서는 점점 사람이 많아진다. 문제 해결을 위해서는 사람을 보충하는 것이 아니라 '필요한 노동량'이라는 관점이 있어야 한다.

〈도표 10〉에서 손님 수가 200명을 밑돌았을 때도 투입 인원은 최소 20명으로 고정됐는데, 손님 수가 100명이면 생산성으로 계산하는 업무량은 이론적으로 절반이다. 그리고 실제로 업무를 10명으로 소화하려면 '손님 수가 적어져도 해야 하는 업무'를 분담해야 한다. 즉 멀티태스킹이 필요하다.

이와 같이 현장을 필요한 노동량이라는 관점에서 재검토하면 업무 분담이 고정되는 것이 진짜 문제라는 사실을 깨닫는 경우가 많다. 같은 업무를 절반의 일손으로 처리하려면, 현장에서 알아서 작업 분담을 재검토해 1인 2역으로 일한다. 위에서 지시하지 않아도 저절로 멀티태스킹으로 일하게 된다.

멀티태스킹은 가동률이 낮을 때 큰 효과를 발휘한다. 이에 따라 총노동시간이 줄어 시간 단축이 되므로 더 많은 휴일이 주어진다. 그 결과 회사는 생산성을 높일 수 있다. 그러므로 필요한 노동량을 알아낼 때 플롯 분석 같은 방법이 꼭 필요하다.

여기서 예로 든 회사가 특수한 현장 이야기는 아니다. 다양한 업종에서 이런 플롯 분석을 실시해봤지만, 거의 모든 곳에서 노동투입량의 불균형이 컸으며, 고정적 투입량이 높게 나타났다.

인건비는 회계학에서 고정비로 분류된다. 인건비를 연간 합계로 보기 때문이다. 노동투입량을 매일의 업무량에 맞춰 확실히 교대 근무에 반영한다면 고정비인 인건비를 교대 근무에 따라 변동비로 다룰 수 있다.

추가 고용 없이 일손 부족이 사라진 회사

1부에서 소개한 이사와건강랜드에서도 플롯 분석을 활용해 적정한 배치 인원을 찾아냈다. 2013년 교대 근무 재검토를 시작으로 현장을 개편해 다음 해인 2014년의 총노동시간은 전년 대비 95%로, 2015년도에도 거듭해서 94.7%로 줄어들었다.

원래 이사와건강랜드의 교대 근무 편성 방식은 단순했다. 이 시설은 24시간 영업하는 목욕탕과 사우나를 메인으로 식당, 노래방, 마사지, 이발, 놀이 시설, 숙박 등의 다양한 서비스를 제공한다. 이전에는 부서마다 빠른 출근조, 늦은 출근조, 심야조 3교대로 근무했다.

프런트의 빠른 출근조는 오전 ○시 출근에 오후 ○시 퇴근, 목욕탕의 늦은 출근조는 오전 ○시 출근에 오후 ○시 퇴근 식의 고정된 교대 근무를 했다. 단체 예약 등으로 손님이 많이 늘어나는 경우가 있어도 출근하는 직원의 인원을 늘리지 않았다.

이 시설을 운영하는 쿠아앤드호텔의 이사는 쓴웃음을 지으며 이렇게 말했다.

"손님이 많든 적든 기본적으로 교대 근무 형태는 같았어요. 정해진 휴식시간이 되면 일이 바빠도 휴식에 들어갔습니다. 반대로 손님이 적어서 한가한 시간을 주체하지 못하는 지경이라도 특별히 무엇인가를 해야 한다고 생각하지는 않았죠. 이곳은 그런 일터였어요."

한편 현장 곳곳에서 일손이 부족하다는 호소가 잇따랐다. 호텔에는 농사를 짓는 손님이 많았는데, 이들은 비가 오면 농사를 일단락 짓고 쉬러 온다. 이런 날에는 어느 부서든 바빠진다.

손님이 많을 때는 "일이 돌아가지 않아요"라거나 "사람을 더 뽑아주세요"라는 소리가 끊이지 않았다. 그러나 회사는 섣불리 사람을 늘릴 수 없다. 해결책을 찾던 이사는 우선 바쁜 것을 시각화하기로 하고, 15분 단위로 하루의 업무 내용을 전부 써보게 했다. 예를 들면 프런트 업무 담당자는 이렇게 적었다.

<오전 8시대>

30분간 프런트 업무

15분간 조례

15분간 큰 객실 지원

다양한 부서가 있는 이 시설에는 타 부서를 지원하는 일이 잦았다. 자기 부서의 업무 내용과 타 부서의 지원 내용을 퇴근할 때 15분 단위로 직접 쓴다. 이렇게 적은 것이 90쪽의 〈도표 11〉이다.

1시간을 1로 하고, 45분은 0.75, 30분은 0.5, 15분은 0.25로 표기한다. 하루 업무 내용을 잊지 않도록 그때그때 메모하는 직원도 있지만 크게 수고스럽지는 않다. 이에 따라 정직원 41명, 파트타임 직원 등을 포함하면 100명이 넘는 직원들의 노동 방식을 파악할 수 있었다.

그러나 이 표만으로는 직원들이 얼마나 바쁜지 알 수 없기 때문에 이를 기초 데이터로 해 한층 더 분석했다.

91쪽의 〈도표 12〉는 시간대별로 하루에 접수하는 손님 수와 프런트의 직원 수를

(날짜) 3/25(토)　　　　　　　　　　　　프런트 사무실

이름	5시	6시	7시	8시	9시	10시	11시	12시	13시	14시	15시	16시
A											0.5	0.7(
B									0.25			0.5
C				0.5	1	0.75	1	1	1	0.25	1	0.2(
D				0.75	0.75	1	1	1	0.75	0.5	1	
E												0.5
F			0	0.5	0.75	1	1	0.5	0.75	1	1	0.5
G					0.5	1	1	1	1	0.5	0	0.5
H										0.5	0.75	1
I												
J			0	0.75	1	1	0.75	0.5	1	1	1	0.2(
K												
L												
M	1	0.5	1	0.5								
N												
O												

※ 각자가 프런트 업무에 소비한 시간을 적는다.
　타 부서 지원, 미팅 등에 쓴 시간은 별도의 표에 적는다.

 직원에게 하루 동안 어떤 업무를 하는지 기록하게 하는 것이 업무를 개선하는 데 꼭 필요하다.

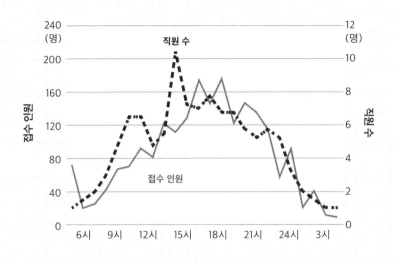

〈도표 12〉 이사와건강랜드 프런트의 시간대별 인원

프런트 업무를 재검토해, 하루 10명에서 8명 체제로 바뀌고 초과근무 시간도 줄었다.

 "우리 부서는 일손이 부족해요"라고 할 것이 아니라 "이 시간대에 ○명이 부족합니다"라고 구체적으로 말해야 한다.

비교한 것이다. 손님 수는 적은데 프런트 인원이 많았던 시간대는 언제인가? 반대로 접수하는 인원이 많은데 프런트 인원이 적었던 시간대는 없는가? 그런 차이를 찾아내기에 매우 편리한 그림이다.

다만 이 차이가 실제로 바쁜 것과 어긋나는 시간대도 있다. 그래서 차이가 발생한 부분에 대해서는 실제로 어떤 노동 방식이었는지 앞의 〈도표 11〉과 대조해서 확인한다. 이사와건강랜드에서는 매일 아침 이런 도표를 이용해 전날의 노동 방식을 되짚어본다.

일손이 부족했던 시간대가 있고, 그것이 초과근무로 연결된다면 어떻게 개선할 수 있을까? 바쁜 시간대에 직원 수를 많이 보충하는 교대 근무를 편성할 수는 없을까? 다른 부서에서 지원을 부탁할 수는 없을까? 등과 같은 방법을 검토하고 가능한 한 실행에 옮겼다.

반대로 사람이 남는 경우는 접수 카운터 한 곳을 폐쇄하고, 그 사람을 휴식시간이나 사무 작업에 충당하면 결과적으로 초과근무를 줄일 수 있다. 타 부서 지원으로 돌려서 다른 부서의 바쁜 일을 돕는 근무 방식도 가능하다.

이사는 "현장에서는 어쨌든 바쁘다고 하는 모호한 표현이 사라졌고, 오후 5시부터 7시 시간대에 1명이 더 필요하다는 식으로 구체적인 논의를 하게 됐습니다"라고 변화를 말했다.

월간으로도 검증하는데, 이것이 바로 94쪽 〈도표 13〉의 첫 번째 표다. 가로축에 손님 수, 세로축에 실제 노동시간을 넣는다. 실제 노동시간은 다른 부서로 지원을 간 시간을 제외하고 실질적으로 프런트 업무를 한 시간이다. 총 손님 수가 늘어나면 실제 노동시간도 이에 비례해서 늘어날 것이다.

다만 이는 어디까지나 이론적인 수치일 뿐이며 실제로는 생각한 것처럼 분포되지 않는다. 바로 거기에 인원이 남을 가능성이 도사린다. 예를 들어 매일 부서별 플롯 분석을 해 "방문자 수가 적을 때도 근무 인원이 지나치게 많은 경향이 있다"고 한 것을 알 수 있었다. 그럴 때는 교대 근무의 편성 방법 등을 근본적으로 재검토한다. 여기까지 하면 어디에 인원의 낭비가 있는지 훤히 보이므로 대책 역시 구체적인 데이터로 검토한다.

이사와건강랜드에서는 매일 이렇게 확인하며 예상 손님 수(〈도표 13〉 두 번째 표)에 맞춰 교대 근무를 편성한다. 예상 손님 수는 기본적으로 지난해의 같은 주, 같은 요일의 실적치를 이용한다. 판촉 이벤트 예정이 있으면 직원 수를 늘리는 등의 방법으로 조절한다. 이 예상 손님 수를 토대로 날마다 예상 노동시간을 산출한다. 산출 방법은 간단해서 알기 쉽게 말하자면 〈도표 13〉의 첫 번째 표 선 위에 오도록 교대 근무를 편성하는 것이다.

이렇게 'O월 O일은 A씨가 오전 8시에 출근해서 7시간 근무, B씨는 오전 9시에 출근해서 8시간 근무'와 같은 식으로 최대한 낭비 없이 교대 근무를 짠다. 예전에는 프런트 담당이 '빠른 출근조 4명, 늦은 출근조 4명, 심야조 2명'의 체제였는데, 현재는 '빠른 출근조 3명, 늦은 출근조 3명, 심야조 2명'으로 2명을 줄일 수 있었다.

지금까지 주로 프런트 업무를 예로 들었는데, 다른 부서는 어떻게 할까? 기본적인 분석 순서는 프런트와 동일하지만 지표만 조금 다르다. 레스토랑의 큰 룸은 다음과 같이 운영한다.

프런트는 손님 수에 비해 인원 배치가 적정한지 살피는 관점으로 봤다. 그러나

〈도표 13〉 이사와건강랜드의
프런트 분석과 예상 손님 수를 토대로 조절한 교대 근무

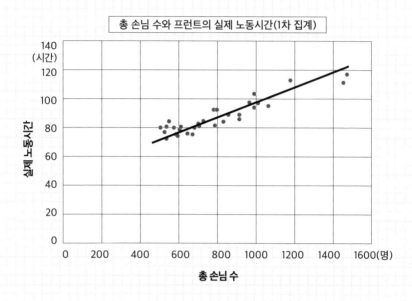

총 손님 수와 프런트의 실제 노동시간(1차 집계)

계획 없이 그때그때 하는 것이 아니라 손님 수를 예측해서 예상 노동시간을 정해 낭비 없는 교대 근무를 구성하는 것이 중요하다.

손님 수와 프런트 실제 노동시간의 예상·실적 비교

날짜	예상 손님 수	총 손님 수	예상 노동시간	실제 노동시간	실제 시간 차
3월 1일 수	462	524	69.12	77.10	-7.98
3월 2일 목	516	583	71.94	75.00	-3.06
3월 3일 금	618	598	77.26	74.50	2.76
3월 4일 토	965	968	95.37	96.00	-0.63
3월 5일 일	992	913	96.78	87.00	9.78
3월 6일 월	578	550	75.17	83.50	-8.33
3월 7일 화	512	508	71.73	79.50	-7.77
3월 8일 수	595	571	76.06	80.00	-3.94

방문한 손님 전원이 식사를 하는 것은 아니다. 식사를 하더라도 간단하게 끝내는 손님도 있고 많이 먹는 손님도 있다. 따라서 큰 룸에서는 상품 제공 수를 지표로 삼는다.

상품을 제공하는 수가 많으면 그에 비례해 일도 바쁘다. 프런트의 〈도표 13〉을 큰 룸의 플롯 그림으로 적용한다면 가로축에 상품 제공 수, 세로축에 실제 노동 시간을 넣으면 된다.

"각 업무의 성과가 무엇인지 보는 관점에서 지표를 결정합니다"라는 이사의 말처럼 프런트라면 혼자서 얼마만큼의 접수 업무를 할 수 있는지, 큰 룸은 요리를 얼마나 옮길 수 있는지가 성과다.

이렇게 근무 방식을 분석함으로써 이사와건강랜드는 초과근무를 줄이면서도 직원 1인당 매출액과 이익이 늘었다. 매년 지속적으로 임금을 올리고 상여도 연 3회 지급한다. 경영자도 직원도 행복한 상태라고 말하는 이사의 얼굴이 만족한 듯 보였다.

포인트 ②
바쁠 때가 아니라 한가한 때를 찾아라

플롯 분석과 함께 간단하게 현장을 분석하는 방법이 바로 시간대별 업무·인원 추이 그래프다. 〈도표 14〉는 한 음식점의 주문 수와 투입하는 직원 수를 나타낸 것이다. 음식점이므로 점심시간대와 저녁시간대의 주문량이 많다.

점선으로 나타낸 투입 직원 수를 보면 오후시간대에 인원이 가장 피크다. 반면 주문이 많아 작업량이 피크를 맞이하는 낮과 저녁은 그 인원의 절반밖에 되지 않았다. 직원 수가 가장 많은 시간이 업무량은 가장 적은 시간대라는 이상한 현상이 왜 일어나는 걸까? 그래프를 만들면 이런 문제가 명확하게 보이고 개선의 여지가 생긴다.

이 음식점에서 일하는 사람은 업무량이 최고조에 달하는 낮과 저녁이 지나칠 정도로 바쁘게 느껴진다. 손님이 적은 시간대에 많은 인원이 배치되므로 그때의 상황이 일할 때 알맞은 보통의 상황이라고 짐작하기 때문이다.

실제 1인당 업무량은 차치하고, 분명히 바쁘다. 사람들은 바쁘다고 느끼면 그 원인을 일손 부족에서 찾는다. 그래서 일손을 줄이기는커녕 오히려 늘리는 빗나간 일을 한다.

이 음식점의 경우 실제 상황은 다음과 같았다. 낮시간대를 돌리기 위한 빠른 출근조와 저녁시간대를 돌리기 위한 늦은 출근조의

〈도표 14〉 어느 음식점의 주문 수와 직원 수의 관계

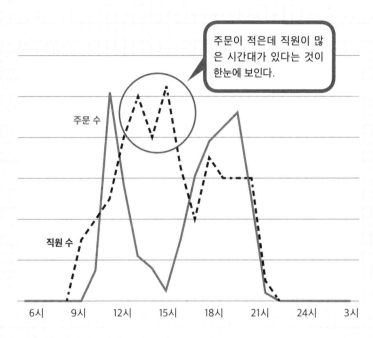

오후 2~3시 무렵에는 주문 수가 줄어드는데 직원 수는 늘어난다. 빠른 출근조와 늦은 출근조의 직원 교대 시간이 겹쳐서 배치의 낭비가 생긴다.

 직원 수와 손님 수가 동떨어지는 현상을 어쩔 수 없는 일이라고 포기하지 말자.

교대 근무가 오후시간에 겹치므로 오후시간대를 근무 인계에 사용했다. 업무량에 맞춘 것이 아니라 가게 측의 사정으로 오후시간대에 직원이 많은 것뿐이었다.

손님이 적은데도 직원이 많은 오후시간대는 당연히 손놓고 대기하는 시간이 대량으로 생긴다. 현장의 상황을 시각화하면 그동안 얼마나 감으로 현장을 파악했는지 알게 된다. 이런 문제는 교대 근무의 편성 방식이 원인이었다. 많은 현장에서 교대 근무를 짤 때 단순히 달력을 보고 휴일을 정한다. 각 직원에게는 개별적인 업무 내용에 따른 근무 패턴이 있어서 휴일이 정해지면 출근일도 정해져 몇 시에 출근하는지 알 수 있다.

대부분의 회사는 월 단위로 교대 근무를 구성한다. 지역이나 날씨 등의 상황은 매일 달라지지만 중간에 교대 근무를 수정하는 일은 거의 없다. 교대 근무를 자주 수정하는 회사가 적은 것은 돌발적으로 손님 수가 늘어나도 그 자리에 있는 직원 수로 어떻게든 현장을 돌린다는 뜻이다.

돌발적으로 손님 수가 늘어났을 때 그 자리에 있는 직원 수만으로 대응할 수 있다는 것은, 반대로 말해 투입한 인원이 원래부터 과잉이었다고 할 수 있으며 시간을 단축할 가능성이 있다는 뜻이다. 게다가 파트타임 근무자로 유지되는 경우가 많은 서비스업 현장에서는 관리자가 없는 곳에서 파트타이머로 일하는 것이 일반적인 모습이다.

업무를 현장에 거의 통째로 맡긴 상태로는 교대 근무가 올바르게 짜였는지, 원래 손님 수에 맞는 적정한 인원인지, 손님 수와 직원 수의 차이를 수정할 방법은 없는지 등을 파악하지 못한다. 현황 파악이 되지 않은 상황에서는 제대로 된 분석 평가나 개선의 행동을 하는 일도 당연히 어렵다.

시간대별 업무·인원 추이 그래프를 만들기만 해도 시간 단축을 어떻게 진행해야 할지 상당한 실마리가 보인다. 이처럼 직원 수와 업무량의 관계를 시각화하는 일은 매우 중요하다.

포인트 ③
초과근무는 나중에 줄여라

노동시간을 단축하려 할 때 항상 도마에 오르는 문제가 바로 초과근무다. 회사에선 과도한 노동은 좋지 않다면서 초과근무 시간을 악으로 몰아세운 다음 초과근무 시간을 줄이라고 지시한다. 과도한 노동과 초과근무 시간의 인과관계는 이해하기 쉽기 때문에 이 지시에 누구나 자연스레 납득한다.

하지만 이것으로 정말 노동시간을 단축할 수 있을까? 현장에서 초과근무를 하는 직원들은 그 시간에 무엇을 하는가 하면, 당연한 말이지만 일을 한다. 초과근무 수당을 받으면서 노는 것이 아니다. 특히 서비스업은 업무와 손님이 직접 관련돼 있어 회사가 초과근무를 줄이려 하면 현장에 있는 직원은 "손님을 내버려두고 정말 가도 되나요?"라고 물을 것이다.

손님은 값을 지불하기 때문에 초과근무를 줄인다는 것은 매출을 줄이는 것과 같은 의미다. 따라서 초과근무를 줄이고 시간을 단축하자는 논의는 순식간에 중단되고, 결국 초과근무 시간은 줄이지 못한 채 모두가 곤경에 빠지는 최악의 상황에 이른다.

과도한 노동을 바로잡는 시간 단축은 올바른 일이지만, 그것을 실현하는 방법으로 주먹구구식으로 초과근무를 줄이는 것은 문제가 있다. 진짜 관심을 기울여야 할 것은 초과근무라는 바쁘게 일

〈도표 15〉 현장의 느낌과 실태

[현장의 느낌]

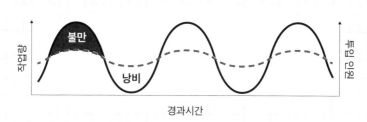

[현장의 실태]

 시간을 단축할 때는 한가한 시간대의 인원을 조절하는 것부터 시작해야 한다.

하는 시간대가 아니라 반대로 손님이 없는 한가한 시간 혹은 한가한 날이다. 이것을 냉정하게 생각하지 않으면 시간을 단축하는 것도, 그 전제인 생산성을 높이는 일도 모두 이룰 수 없다.

지금까지 연구 조사해 온 많은 현장을 돌아보며, 고정관념에서 눈을 돌려 한가한 시간대를 조절해 과도한 노동을 바로잡는 일이 올바른 접근법이라는 결론에 이르렀다.

플롯 분석이나 업무·인원 추이 그래프라는 방법을 사용해 현장에서 일손이 노는 대기시간을 능숙하게 찾아내고, 이를 어떻게 관리해야 할 것인지를 더 생각하는 편이 시간 단축을 이루는 지름길이다.

대기시간이라고 해도 하루 중 손님이 적은 시간대도 있고, 월 단위나 연 단위로 봤을 때 한가한 날, 한가한 기간도 있다. 이런 비수기 때 매출에 영향을 주지 않도록 직원의 근무시간이나 휴일을 조절하면 직원의 시간 단축을 효율적으로 이룰 수 있다.

그렇다고 해서 직원 개개인의 하루 초과근무 시간을 줄이는 것만 생각하면 매출이나 손님의 만족도에 나쁜 영향을 미친다. 그러나 '노동생산성＝부가가치÷노동투입량'이라는 계산식으로 문제를 생각하면 '초과근무를 한다, 하지 않는다'라는 두 가지 선택지에 갇히지 않고 유연한 사고를 할 수 있다. 투입한 노동시간으로 어느 정도의 매출을 얻을 수 있다면 그렇게 하면 되고, 얻을 수 없다면 초과근무를 하지 않는 편이 낫다는 것이다. 냉정하게 생각하면 당연한 일이다.

시간을 단축하고자 한다면 하루의 초과근무 시간에 주목하지 말고, 월 단위로 초과근무 시간을 관리해야 한다. "손님이 있다면 초과근무를 하세요", "내일은 비가 많이 온다고 하니 교대 근무를 하는 직원 수를 줄이세요"와 같은 방식의 결정을 날마다 쌓아가는 것이다.

바쁜 시간과 한가한 시간의 주기는 제조업, 건설업, IT 산업 등의 현장에서도 수주, 납기, 공정의 진척 등에 따라 나타난다. 이런 업종 역시 마찬가지다. 조절해야 하는 것은 초과근무가 많아지는 바쁜 시간대가 아니라 그 반대의 한가한 시간으로 대기시간이 많은 때다. 이것은 지금까지 일반적으로 의식하지 않는 관점이므로 꼭 기억해두자.

2단계
효율적으로 인원 배치하기

1단계 '현황 파악하기'에서는 플롯 분석이나 업무·인원 추이 그래프 등을 통해 교대 근무의 인원 배치에서 낭비가 어디에 숨어 있을 가능성이 높은지 살펴봤다.

데이터를 통해 객관적으로 분석하면서, 고정관념을 벗어나 초과 근무할 때와 같은 바쁜 시간대가 아니라 한가한 시간대의 인원을 조절하는 데 주목해야 한다는 것을 배웠다.

이제 2단계에서는 적정한 인원 배치를 위한 방법을 알아본다. 이와 더불어 언제 마음이 변할지 모르기에 예측이 어려운 손님 수의 변동에 효과적으로 대응할 수 있는 노동시간 제도에 대해서도 설명한다.

포인트 ④
장소, 시간, 정보를 손님에게 맞춰라

1부에서 언급한 실시간 서비스법은 현장에서 낭비되는 노동시간을 줄이기 위한 강력한 무기다. 이 방법의 요점은 업무의 장소, 시간, 정보를 손님에게 더 가깝게 하는 것으로, 다양한 현장을 통해 체계화한 현장발 이론이다.

사람들은 대개 무언가를 한꺼번에 하는 편이 더 효율적이라고 생각한다. 호텔에서 음식을 한꺼번에 조리해서 담는 것이 그런 예다. 그러나 완성된 요리를 냉장고에 보관해야 하므로 요리의 신선도가 떨어진다. 이것은 조리 '시간'이 손님을 떠나 있기 때문에 생기는 문제다.

또 한꺼번에 조리하거나 담아두기 위해서는 넓은 공간과 대형 기구가 필요하기에 필연적으로 식사 장소에서 떨어진 '장소'에 넓은 조리실을 둬야 한다.

게다가 이렇게 미리 떨어진 곳에서 조리하면 손님이 먹을 때 이미 요리는 완성돼 있으므로 손님의 세세한 주문에 대응하기가 어렵다. 대응하려고 하면 만들어둔 요리는 폐기돼 손실이 나고, 결국 미리 조리했음에도 식사시간에 대기가 생긴다. 이것은 손님의 요구와 직원의 조리 내용이라는 '정보'의 차이를 쉽게 메울 수 없다는 뜻이다.

실시간 서비스법이 현장에서 이뤄지면 다양한 업무가 낭비 없이 연결된다. 가치를 만들지 못하는 보관, 운반 등의 업무도 없앨 수 있어 최종적으로 손님이 원하는 서비스를 손님이 원하는 타이밍에 제공하게 된다. 서비스 제공에서 소비까지 낭비 없이 단숨에 관통해 생산시간이 단축되므로 생산성이 높아진다. 필요할 때 필요한 인원이 필요한 장소에 있는 교대 근무를 실현하면, 직원 수를 늘리지 않고도 일손 부족 문제를 해결할 수 있으며 손님의 요구에 세세히 대응해 손님의 만족도가 높아진다.

한 가지 주의해야 할 것은 손님이 없다고 해서 다음 손님을 내다보고 여러 가지 준비를 해서는 안 된다는 점이다. 만일의 경우에 당황하지 않기 위해 사전에 확실히 준비하는 것은 올바른 행위처럼 보이지만, 이는 실시간 서비스법 이론에 반한다. 대비하고 싶은 의도와 달리, 업무 타이밍이 실제 손님에게서 멀어지게 돼 보관이나 운반 같은 업무를 따로 추가해야 하고 손님의 요구에 제대로 대응하지 못한다.

최악의 상황으로 급여가 나가는 노동시간 내에 할 일이 없더라도 아무것도 하지 않고 서 있기만 하는 편이 무언가를 사전에 준비하는 것보다 훨씬 낫다.

갓 만든 맛있는 요리가 시간이 덜 든다?

온천 료칸 그란디아호센에는 115개의 객실이 있고 서비스와 요리에 대한 평판이 좋아서 현지 손님도 재방문을 많이 한다. 료칸은 예약 손님이 대부분이기 때문에 손님 수와 요리 구성을 사전에 파악할 수 있다. 그러면서도 체크인, 체크아웃, 식사 등의 서비스가 같은 시간대에 집중되기 때문에 어떤 인원 체제로 서비스를 해야 하는지 항상 고민이었다. 이 료칸은 생산성을 높여 문제를 해결하기로 결정했다.

우선 2013년 전사적으로 생산성을 높이는 계획에 들어가면서 요리 콘셉트를 '갓 만든 맛있는 요리'로 정의했다. 업계의 상식에서 보면 놀랄 만한 것이었다. 대형 료칸은 손님 수가 많기 때문에 손님을 기다리게 하지 않고 요리를 내는 일을 우선으로 여기며, 많은 요리를 미리 준비해두는 것이 일반적이기 때문이다. 그래서 저녁 식사 준비는 오후부터 시작하고, 인원이 많은 연회면 더 이른 시간부터 준비하느라 눈코 뜰 새가 없다.

"요리를 밀리지 않고 내놓으려면 미리 준비할 수밖에 없다"거나 "한꺼번에 준비하면 일손을 덜 수 있어서 효율적이다"라는 발상이 지금까지 료칸 업계에 강하게 뿌리 박혀 있었다. 그러나 이 료칸의 총 주방장은 발상을 전환해 음식을 한꺼번에 미리 조리하는 일이 오히려 직원들의 부담을 늘리고 과도한 노동을 가져온다고 생각했다.

그래서 먼저 가능한 한 손님 근처에서 조리할 수 있도록 구조를 바꿨다. 객석 중

<도표 8> 실시간 서비스법

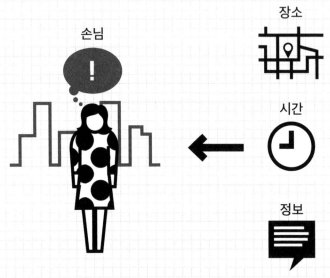

장소, 시간, 정보를 손님에게 가깝게 한다

 실시간 서비스법은 생산성 향상의 핵심이다.

앙에 유리창 너머로 조리하는 모습이 보이는 '장소'에 조리실을 배치했다. 객석과 조리실의 거리를 줄이면 홀에서 조리실로 바로 '정보'가 전달된다. 필요한 최소한의 재료만 미리 준비해놓고, 식당 영업이 시작되면 손님이 먹는 '시간'에 맞춰 살짝 가열해 조리하거나 보기 좋게 담아서 음식을 냈다.

객석까지의 동선이 짧아져 그만큼 효율적으로 요리를 배식하게 된 덕분에 최적의 타이밍으로 갓 만든 요리를 낼 수 있었다. 이런 운영은 밥집이나 선술집 같은 작은 음식점에서는 당연한 일이었지만, 단시간에 많은 손님을 맞아야 하는 대형 숙박업소에서는 절대적으로 어려운 일이라고 여겨졌다.

미리 요리해 어딘가에 보관해두면 가져오기만 하면 되기 때문에 요리를 제공하는 타이밍이 늦어지거나 당황할 위험이 없어 현장 직원은 안심한다. 그러나 이 방식은 틀렸다.

료칸에서는 제공하는 타이밍을 정확하게 하기 위해 코스 요리의 간격을 7분으로 정했다. 7분이라는 숫자는 대략 1시간 반 정도에 식사를 끝내는 사람이 많은 것에서 계산한 결과다.

당초에는 객석마다 종이 시트를 준비해서 그곳에 개별적으로 요리가 나간 시간을 수기로 기록하고, 이것을 홀과 조리실 직원이 확인해 7분이 넘을 것 같은 요리가 있으면 최우선으로 만들었다. 2016년 봄부터는 IT 시스템을 구축해서 제공 시간을 입력하거나 요리가 늦게 나오는 경우 자동으로 경고가 나오도록 해 제공 타이밍의 정밀도를 높였다.

7분은 어디까지나 기준점이며, 요리를 제공하는 리듬으로 설정한 것이다. 술을 마시는 사람과 마시지 않는 사람에 따라 요리를 먹는 속도가 다르기 때문에 코

〈도표 16〉 만들어둔 요리와 갓 만든 요리 중
어느 쪽이 효율적인가?

한 번에 만든다.
대량으로 만든다.

자주 만든다.
주문량을 만든다.

[
영업 개시 3시간 전부터
많은 인원 분량으로
조리한다.
]

[
영업을 시작한 다음
적은 인원 분량으로
조리한다.
]

상당히 많은 인원이 같은 시간
대에 식사를 한다면 모르지만
보통은 그렇게까지 만들어둘 필
요는 없다.

최소한의 재료만 준비해두면 보
통은 이 방법으로 대응할 수 있
다. 갓 만든 요리를 제공할 수
있으므로 손님이 만족해한다.

그란디아호센에서는 손님이 방문한 뒤 전채
를 담는다(오른쪽 사진). 코스 요리의 간격이
지나치게 길지 않도록 확인할 수 있는 관리
시스템을 도입했다(왼쪽 사진).

 그란디아호센은 요리를 자주 만드는 일로 시간 단축에 성공했다. 한꺼번에 요
리를 미리 준비해두는 것은 비효율적인 경우가 많다.

스의 세 번째 품목에 해당하는 생선회가 나갈 때 "지금 요리가 나오는 속도는 어떠신가요?"라고 서빙 담당 직원이 손님에게 확인한다. 그 정보를 조리실에 전달해 이후의 제공 시간을 조정하려고 노력한다.

손님이 먹는 모습을 보면서 조리하면 손실을 막을 수 있고, 음식의 기호 같은 손님의 갑작스러운 요구와 세세한 요청에도 쉽게 대응할 수 있어 매출을 늘릴 기회도 많아진다. 료칸의 전무는 "손님이 오기 전 미리 테이블에 요리를 놓는 운영방식에 비해 손님을 접하는 시간이 눈에 띄게 늘었습니다. 손님의 의견을 정성껏 들을 수 있기 때문에 더욱 질 높은 서비스를 제공하게 됩니다. 손님과 직원 모두 크게 만족스러워합니다"라고 말했다.

개편의 내용은 다음의 세 가지로 표현할 수 있다.

손님들이 식사하는 장소에 가까이 가서 조리하고 음식을 담는다. 손님의 식사시간에 조리 타이밍을 맞춘다. 손님에게 다가가는 접객시간을 늘려서 손님의 정보를 정확하게 파악한다.

이와 같이 실시간 서비스법에서 말하는 업무의 장소, 시간, 정보를 가능한 한 손님에게 가깝게 하는 방법은 서비스업의 생산성을 크게 높여 시간을 단축할 수 있다. 게다가 이 방법은 단순히 비용 절감을 목적으로 하는 것이 아니라 '갓 만든 맛있는 요리'라는 콘셉트에 맞는 품질의 향상도 이뤄지므로 손님의 만족도가 높아진다. 이는 스톱워치를 손에 들고 작업시간을 단축하거나 동선의 간략화를 추구하는 접근법과는 전혀 다르다.

적자에서 벗어난 버스회사

셔틀·노선·관광버스 등을 중심으로 운영하는 이글버스의 개편도 그야말로 실시간 서비스법과 맞아떨어져서 위기에 처했던 노선버스 사업을 다시 일으켜 세울 수 있었다.

어느 대형 버스회사가 이익이 나지 않는 버스 노선을 폐지하기로 결정했다. 이글버스 대표는 노선이 폐지되면 해당 지역에 고립되는 '외딴섬'이 생겨나는 것을 우려해 사회적 사명으로 그 노선을 인수하기로 했다. 그리고 우선 비용 절감 등 수익성 개선을 위해 철저히 노력했다.

그러나 상황은 쉽게 좋아지지 않았다. 이전의 노선버스는 승객 수나 운행 지연 등 일단 차고를 나온 후의 운행 상황을 회사가 전혀 파악하지 못했다. 게다가 승객이 많든 적든 나가는 비용은 고정적이다. 대표는 현황을 파악하기 위해 운행과 승하차 상황을 데이터로 시각화했다.

먼저 버스의 승강구에 적외선 센서와 GPS를 부착해 정류장별 승하차 인원, 버스의 정시 운행 상황 등의 데이터를 수집했다. 동시에 지역 주민이 노선버스에 무엇을 원하는지 알아내기 위해 차내에 설치한 엽서식 설문지로 평상시 승객의 목소리도 들을 수 있도록 힘썼다. 이렇게 열심히 데이터를 분석하면 이용자가 적은 버스 정류장이나 구간, 버스 정류장에 표시된 운행시간표와 실제 도착시간의 차이 등을 한눈에 알 수 있다.

그 결과 승객이 적은 시간대와 구간의 운행 대수를 줄이고, 반대로 많은 곳은 버스를 늘렸다. 운행시간표와 실제 도착시간의 차이가 크면 운행표를 현실적인 상황에 맞게 수정하고, 나아가 승객들의 요청사항과 조합해 최적의 운행시간표로 개정했다.

또한 고지대에 사는 단지 주민을 위해 기존의 종점을 단지 안까지 더 연장하고 다수의 정류소를 신설했다. 언덕을 올라갔다 돌아오는 것이 어려운 고령자용 서비스로 '외출 서포트편'이라는 이름의 서비스도 시작했다. 통근이나 통학 승객은 줄어들지만 고령자가 주로 이용하는 낮시간대에는 소형 승합차로 승객을 옮기는 '디맨드 버스'를 활용했다. 버스 노선에서 지선을 내고 집이 흩어져 있는 곳에 정류소를 신설한 뒤 예약이 있을 때만 운행했다. 기존의 디맨드 교통 시스템을 대체해서 운행하는 것이었지만, 대표는 이를 노선버스 유지를 위한 지선으로 활용했다.

비용을 들이지 않고 지역 주민의 편의성을 높이는 '허브 & 스포크' 방식도 만들어냈다. 지역 중심부에 허브가 되는 버스센터를 만들고 버스의 운행 거리를 짧게 해서 운행 대수를 늘린 뒤 그곳에 공공 시설 등을 가져와 편의성을 높였다. 승객들이 여기서 한 번만 갈아타면 여러 장소에 접근할 수 있도록 했다.

이처럼 지역 주민의 요구와 노선버스의 운행시간표라는 각각의 '정보'를 서로 만나게 하고 노선버스가 운행하는 '시간'과 정류소의 '장소'를 옮겼다. 승객의 움직임에 노선버스 운행시간표를 맞춘 것이다.

서비스의 수준을 끌어올린 결과 연간 이용자가 20% 늘었고, 만족도 역시 50%에서 80% 이상으로 높아졌다. 이글버스는 이런 노하우를 라오스의 수도 비엔티안의 국유 버스공사에 전수하며 인재 교육도 실시하고 있다.

포인트 ⑤
일은 작은 단위로 제때 처리하라

실시간 서비스법을 실행하기 위한 효과적인 방법이 바로 소량 로트lot화다. 사람들은 흔히 일을 미리 한꺼번에 해두는 편이 훨씬 효율적일 거라고 생각하지만 사실은 그렇지 않다. 그란디아호센이나 호텔시라기쿠, 이글버스의 사례에서 본 것처럼 소량 로트로 세세하게 손님이 원하는 바에 맞추고, 업무를 그때마다 처리하는 편이 쓸데없는 노동시간을 줄여준다.

대량 생산 시대의 효율화와는 정반대의 방법인 소량 로트화는 오늘날 매우 중요하며, 이런 의식의 전환은 몇 번이고 강조할 만하다. 현장 직원은 필요한 재료를 한꺼번에 준비해서 창고에 보관했다가 매일 가져오는 방법이 당연히 효율적이라고 생각한다. 창고에 대량으로 저장돼 있으니 물건이 떨어질 걱정도 없고 손님이 갑자기 와도 당황할 일이 없을 것처럼 보인다.

그러나 사실 어떤 업계의 도매처라도 대부분 정기적으로 매일 납품을 해준다. 주문만 제대로 하면 기본적으로 늦어도 이틀 후에는 보내주는 것이 일반적이다. 따라서 군이 창고에 재료를 보관해둘 필요가 없다.

한꺼번에 많이 사면 가격이 저렴해진다고 생각하기 쉽지만 도매처는 보통 단가 계약인 곳이 많고, 신선식품은 같은 종류를 많이 모으는 것이 힘들기 때문에 수량이 하나로 뭉쳐지면 단가가 높아지는 경우도 있다. 또한 싸다고 생각해서 대량으로 구입했는데 후에 가격이 더 저렴해진다면 어떻게 해야 할까?

여기서 가리키는 소량 로트화란 매입만을 말하는 것이 아니라 업무 단위를 작게 쪼개는 것이기도 하다. 100개 단위로 하던 업무를 90개, 80개 단위로 조금씩 줄이고 운반이나 이동도 그에 맞춰 잘게 나눈다.

100개를 한꺼번에 해내려고 하면 다음 공정을 맡은 직원이 그것을 모두 인수해서, 사용할 일이 없으면 어딘가에 보관해야 하며, 이를 위한 반입과 반출도 해야 한다. 보관 장소에 여러 가지 물건이 있으면, 그중에서 필요한 것을 찾는 작업이 발생하고 때로는 이 과정에서 실수할 가능성도 있다. 또 어떤 사정으로 변경이 생겼을 때 그 자체만이 아니라 그것을 만들기 위해서 투입한 노동시간이나 에너지 등 모든 것이 낭비된다.

재고가 생기는 한이 있어도 머지않아 사용할 테니 한꺼번에 일을 처리하는 편이 효율적이라고 여길지도 모르지만, 한꺼번에 미리 여러 가지 일을 하면 눈에 보이지 않는 곳에서 많은 부담이 생기고 그 부담은 결국 현장에서 일하는 직원에게 돌아간다. 보다 근본적인 문제는 그런 부담이 마치 꼭 해야 하는 중요한 일처럼 보여서 완전히 없애려는 생각조차 하지 못한다는 것이다.

그렇다면 사람들은 왜 한꺼번에 작업하고 싶어 할까? 요리를 만들려면 접시를 꺼내서 받침대에 나란히 놓아야 한다. 요리를 조리실에서 손님이 있는 곳까지 나르는 것이 서빙이다. 접시를 내놓거나 요리를 나르는 것은 요리의 맛을 높이는 일은 아니다. 음식점에서 이 업무를 많이 한다고 해서 그에 비례해 손님의 만족도가 높아지는 것도 아니다.

제조업에서는 예전부터 지적됐지만, 현장에는 부가가치를 불러오지 않는 준비나 운반 같은 많은 절차가 있다. 현장에서 일하는 직원들은 기본적으로 이런 절차 업무를 하기 싫어서 횟수를 줄이고 싶어 한다. 절차 업무를 줄이려면 한꺼번에 하는 수밖에 없다.

반대로 소량 로트로 업무를 수행하려고 하면 그때마다 절차 업무가 발생하고 그만큼 노동시간이 늘어난다. 이것만 놓고 보면 한꺼번에 미리 하는 편이 효율적인 것만 같다. 그러나 거듭해서 말하지만, 이점이 있는 듯 보이는 것은 어디까지나 표면적인 부분일 뿐이다. 절차 업무는 소량 로트화에 따라 늘어나지만 한꺼번에 하면 보관, 운반, 나아가 품질 악화나 요구사항의 변경에 따른 수정 업무 등이 발생한다.

문제는 이 모든 것에 인건비, 재료비, 수도 광열비 등의 비용이 똑같이 투입되며 게다가 이것이 누가 봐도 해야 할 업무로 보여서 어느 정도 개선할 수는 있어도 현장에서 완전히 없애려고 하지는 않는다는 것이다. 부분적으로 보면 효율적인 듯하지만, 그 이후의 업무를 합쳐서 전체적으로 봤을 때는 비효율적이며 오히려 더 많은 문제를 만든다.

실제로 현장에서 소량 로트화를 추진하려고 할 때는 소량 로트화에 직접 뒤따르는 절차 업무를 같이 효율화해야 한다. 그렇지 않으면 회사에 아무리 이점이 있어도 결국 노동시간이 늘어나 시간 단축을 할 수 없다.

매입을 자주 하려면 주문 방법을 간소화해야 한다. 접시를 들이고 내보내는 관리 시스템이 편하게 돼 있지 않으면 손님의 움직임에 맞게 조리해서 음식을 담아낼 수 없다. 서빙 방법도 능률적으로 생각해야 한다. 그저 "앞으로 일을 잘게 쪼갤 테니 좀 번거롭겠지만 열심히 해주세요"라는 말만으로는 생산성이 높아지지 않고, 직원 또한 웃는 얼굴로 손님을 맞아주지 않는다는 사실을 명심하자.

포인트 ⑥
돌발 상황엔 멀티태스킹으로 움직여라

생산성을 높이는 열쇠는 멀티태스킹이 쥐고 있다. 멀티태스킹이란 1명의 직원이 자신의 담당 업무나 부서를 떠나서 다른 업무도 함께 맡는 것을 뜻한다.

호텔에는 프런트, 객실, 조리실, 식당, 배웅, 청소, 시설 관리 등 다양한 업무가 있다. 특히 대형 시설에는 직원 수도 많아서 일반적으로 각 업무는 종적 관계로 관리된다. 프런트 담당은 프런트 업무만 신경 쓰고 시간이 비어도 객실이나 조리실 업무는 도와주지 않는다.

그러나 호텔처럼 손님이 여러 가지 서비스를 받고 머무는 시간이 길어지는 곳에서는 손님의 흐름에 따라서 직원의 업무가 움직인다. 프런트에서 방, 욕실, 레스토랑 등 손님의 움직임에 맞게 각각의 부서가 순서대로 바빠진다. 동시에 모든 부서가 바빠지는 일은 거의 없고, 파도가 치듯이 부서에 따라 바쁜 시간대가 달라진다.

또 부서에는 각각의 관리자가 있어서 그 관리자가 직원을 통해 업무를 처리하는데, 피크시간이 다른 부서로 옮겨갔을 때 그 부서의 직원은 일을 하지 않는 대기시간을 보낸다.

한편 손님이 예상 외로 많을 때는 투입된 직원 수만으로 충분한 서비스를 제공하지 못해 손님이 클레임을 걸어오는 일도 쉽게 예상

된다. 이런 사태가 일어나지 않도록 관리자는 돌발적으로 손님이 몰리는 시간에 맞춰 여유를 두고 직원을 확보하려 한다. 하지만 그 럴지도 모르는 일 때문에 투입하는 인원을 늘린다는 것은 직원의 불필요한 출근이 늘어난다는 뜻이며, 결과적으로 초과근무 시간 이 늘어난다.

현장에서 멀티태스킹을 실현하면 직원들이 부서를 이동해서 타 부서의 업무에 협력하게 돼 순간의 업무량 변동에 낭비 없이 대응 할 수 있다. 다른 부서의 업무를 알고 처리하게 되면 평상시 협력 관계도 강화할 수 있다.

1부에서 설명한 대로 아이들이 축구공을 따라가듯이 손님이 모 이는 장소나 업무의 상황에 맞게 유연히 직원을 투입할 수 있다면, 적은 인원으로 손님의 만족도를 높이고 손님에게 제대로 된 서비 스를 제공할 수 있어 생산성이 높아지며 동시에 노동시간도 단축 돼 직원들이 불만을 품는 일이 없어진다.

실시간 서비스법을 현장에서 추진하려면 손님이 예측과 다르게 움직일 때 이에 제대로 대응해야 한다. 그러기 위해서는 직원이 손 님 근처에서 일하는 것만으로는 안 되고, 현장의 상황에 따라 임기 응변으로 타 부서 직원이 바로 달려가 멀티태스킹으로 일할 수 있 어야 한다.

현장에서 멀티태스킹화를 추진하는 것은 말처럼 간단한 일이 아 니다. 직원이 다른 현장에 달려가 곧바로 업무를 도울 수 있게 하

〈도표 17〉 대기시간 절감에 효과적인 멀티태스킹

[개편 전]

	월	화	수	목	금	토	일
7시							
8시	프런트 (4시간)			프런트 (4시간)			
9시							
10시							
11시							
12시							
13시							
14시			휴일				
15시							
16시							
17시	프런트 (5시간)			프런트 (5시간)			
18시							
19시							
20시							
21시							
22시							

[개편 후]

	월	화	수	목	금	토	일
7시	레스토랑 (1시간)			레스토랑 (1시간)			
8시	프런트 (3시간)			프런트 (3시간)			
9시							
10시							
11시							
12시							
13시							
14시			휴일				
15시							
16시	프런트 (3시간)			프런트 (3시간)			
17시							
18시	레스토랑 (2시간)			레스토랑 (2시간)			
19시							
20시							
21시							
22시							

그란디아호센의 개편 전후 교대 근무표

 현장의 대기시간을 줄이기 위해 다른 부서 일을 같이 맡는 멀티태스킹이 필요하다.

려면 우선 업무를 표준화, 단순화해야 한다. 또한 혼선 없이 곧바로 업무에 들어갈 수 있도록 정리정돈, 정위치, 정량, 정품 원칙을 제대로 지키며 이에 따라 직원 교육도 실시해야 한다. 더불어 멀티태스킹에서 현장 노동력을 유연하게 움직이려면 동일 노동, 동일 임금의 원칙을 지켜야 한다. 그렇지 않으면 임금 격차 때문에 협력 관계가 저해된다.

업무에 익숙하지 않은 다른 부서 직원이 오면 일시적으로 생산성이 떨어진다. 게다가 "멀티태스킹은 원래 하던 일에 다른 일까지 떠맡는 노동 부담이다"라는 말이 나오기도 한다. 익숙하지 않은 업무를 하는 것은 분명 힘든 일이므로 업무의 표준화와 단순화를 추진할 수밖에 없다.

현장에 투입하는 인원을 대담하게 줄이는 과감한 선택지도 있다. 많은 현장에서 실제로 그 시간대에 일손이 얼마나 필요한지 적정 인원을 파악하지 않고 감으로 움직인다. 그러므로 일단 인원수를 줄이고 한번 업무를 돌려본다. 그러면 자신의 부서가 돌아가지 않게 됐을 때 현장에서 자연스럽게 다른 부서에 도움을 청한다. 바로 그때 인원이 그 부서의 적정 인원이라고 볼 수 있다.

급여 체계를 통일해 멀티태스킹으로

온천 료칸 그란디아호센은 과거에 연간 휴일 수가 적고 근무 환경이 나빠 퇴직자가 나오는 상황에서 개편에 나섰다. 개편을 맡은 전무는 회사가 목표로 하는 방향을 직원들이 납득할 때까지 몇 번이나 반복해서 설명하고, 멀티태스킹을 하기에 앞서 "다른 사람에게 업무가 느리다고 말해서는 안 됩니다. 서로 일을 도와야 모두가 쉬는 날이 늘어날 것입니다"라고 설득했다.

그란디아호센에서는 멀티태스킹에 방해가 될 만한 규칙을 사전에 수정했는데, 바로 50년 이상 지속돼온 '봉사료 제도'라는 독특한 채용법이었다. 이 인사 제도는 객실 담당에게만 적용됐는데 급여가 거의 성과금으로 지급됐다. 한편 젊은 객실 담당 직원은 이와 달리 급여제로 채용돼, 같은 일을 협력하기 위해서는 이 제도를 폐지하고 급여 체계를 하나로 통일해야 했다. 그리고 일반 직원도 객실 담당과 함께 연회장이나 레스토랑에서 일할 수 있게 했다.

또 연회, 프런트, 레스토랑 등 각 부서가 자신이 맡은 업무만 신경 쓰며 종적 관계로 관리하던 것을 서비스부라는 하나의 부서로 만들어 합쳤다. 지금까지는 손님 수에 관계없이 각 부서의 직원은 언제나 같은 인원으로 배치해 왔다. 울타리를 넘어 다른 부서를 도와주는 일이 없었기 때문에 결과적으로 실제 업무량보다 많은 직원을 현장에 배치했다.

임금 제도 통일과 부서 단일화로 예약 상황에 따라 유연히 교대 근무를 편성하게 됐고, 손님이 몰리는 시간과 장소에 멀티태스킹으로 인원을 적정하게 배치했다. 어느 직원은 프런트 업무를 주로 맡으면서 체크인 업무가 일단락되는 시간에는 레스토랑의 업무를 하러 갔다(〈도표 17〉의 교대 근무표 참조).

그 직원은 "매뉴얼이나 선배 직원의 일하는 모습을 보면서 공부했어요. 몇 주 지나니 익숙해졌습니다"라고 말했다. 시설 관리를 담당하는 부서에는 멀티태스킹으로 그때까지 객실 담당이 저녁에 하던 식사 준비나 요리 운반 등의 일이 추가됐다.

반도체 제조 회사에서 이직해 온 한 직원은 '남는 시간에 식사 준비를 하는 것은 좋지만 처리해야 할 통상적인 업무도 있다. 그만큼의 시간을 확보해야 한다'고 생각해 전 직장에서 쌓은 노하우를 활용했다. 정리정돈과 정위치, 정량, 정품 원칙을 지키게 해 누가 와도 곧바로 업무에 들어갈 수 있는 환경을 만들었다.

그때까지 식사 준비에 필요한 그릇과 고체 연료가 있는 장소를 베테랑 객실 담당밖에 몰랐고, 보관 장소나 수납 케이스도 업무를 맡은 사람에 따라 제각각이었다. 그래서 필요한 물건을 한곳에 모아 무엇이 어디에 있는지 한눈에 알 수 있게 했고, 식기를 어떻게 배치할지 사진으로 나타낸 매뉴얼을 작성해 경험이 없는 파트타임 직원이라도 즉시 일할 수 있도록 바꿔나갔다.

개편을 추진하는 동안 직원들의 의식도 바뀌어 업무 효율화 아이디어가 연이어 나왔다. 조식 뷔페의 트레이를 현장 직원의 의견으로 없애고, 요리를 담는 접시의 종류도 절반 이하로 줄였다. 이제 트레이는 물론이고 씻는 접시의 양도 절반 이하로 줄었다.

전무는 "낭비를 없애고 손님 맞는 시간을 늘리며 수익성 개선을 생각하는 조직이 되기 위해 노력했습니다"라고 말했다. 멀티태스킹화가 이뤄지면 외부의 시선으로 업무를 재검토할 수 있으므로 효율화 아이디어가 쉽게 나온다.

그란디아호센의 대표는 당초 멀티태스킹에 강한 저항심을 느꼈다.

"쉬는 날은 늘어나고 월급은 그대로라는 말은 듣기 좋지만, 오히려 일이 많아져서 직원들에게 부담을 줄까봐 걱정했어요. 멀티태스킹보다는 일할 사람을 늘리는 게 직원들이나 손님에게 좋지 않나 싶어서 반대했지요."

당시의 심정을 이렇게 털어놓은 대표는 그러나 직원들이 점차 바뀐 환경에 익숙해지면서 일이 원활히 진행되고 적극적으로 제안까지 하게 되는 모습을 보고 생각이 달라졌다.

"시대의 흐름을 따라가지 않으면 오히려 직원들을 망치게 돼요. 그들의 가능성과 능력을 떨어뜨린 것은 바로 저 자신이었는지도 모르겠습니다."

그란디아호센은 개편을 시작한 지 불과 반년 만에 손님의 만족도를 떨어뜨리지 않으면서도 시간을 단축했으며, 결과적으로 급여는 똑같고 쉬는 시간만 늘리는데 성공했다.

성공사례

손님이 떠난 위기야말로 도전할 기회

골프장을 경영하는 가누마그룹이 멀티태스킹을 시작한 계기는 2011년 동일본 대지진이었다. 지진 재해 때문에 손님의 발길이 뜸해졌지만, 골프장은 한 사람이라도 손님이 오는 한 영업을 계속하기로 결정하고 지진 재해가 일어난 다음 날도 문을 열었다. 그러나 손님이 계속 줄어드는 가운데, 지금까지 해 왔던 방식의 교대 근무는 인건비 부담이 너무 컸다. 프런트나 레스토랑 등의 각 부서에 전임 직원이 배치돼 있었기 때문이다.

골프장은 한 사람에게 여러 일을 맡기는 멀티태스킹화에 들어갔다. 멀티태스킹은 한가할 때 위력을 발휘하기 때문에 그 판단은 정확했다. 골프장에서 프런트가 혼잡한 때는 손님이 오는 아침과 경기를 마치고 돌아가는 오후다. 프런트 담당은 점심시간이 되면 레스토랑에서 서빙과 설거지 업무를 지원했다. 또한 프런트 근처 매점으로 손님이 오면 프런트에서 바로 이동해 손님을 맞았다. 그 전까지는 손님 앞에 직접 나오지 않았던 사무직 직원도 아침에는 주차장에서, 낮에는 레스토랑에서 일하는 등 유연히 움직여 각 부서의 출근자 수를 최소한으로 만들었다. 누가 언제 어떤 일을 할지는 그날그날의 예약 상황에 따라 필요한 만큼만 교대 근무를 바꿔서 짰다.

지진 재해가 일어나기 전 골프장은 손님 수가 적은 날과 많은 날의 차이가 10배 이상이었지만, 날마다 투입하던 총노동시간의 변동 폭은 불과 2배 정도였다. 멀티태스킹을 진행하자 노동량의 변동 폭은 4배가 됐고, 손님 수에 더욱 맞는 교대 근무가 이뤄졌다.

골프장 대표는 이전부터 직원들에게 "다른 업무도 같이 하세요"라고 지시했지만 현장은 쉽게 바뀌지 않았다. 그러나 지진 재해로 회사가 도산할 위기에 처하자 직원들이 스스로 멀티태스킹으로 움직였다. 위기야말로 기회였다.

직원들이 이렇게 일의 폭을 넓히자 손님과의 접점이 눈에 띄게 늘어났다. 친해지는 손님 수가 많아지면서 직원들이 손님의 개별적인 요구를 이해하게 됨으로써 정확한 서비스를 제공하자 손님의 만족도가 높아졌다.

영업 매니저도 예전에는 자신의 업무에만 전념했으나 지금은 손님이 클럽하우스에 도착하면 현관에서 정중히 맞이하고 프런트로 보낸다. 이와 같이 멀티태스킹화로 손님을 맞는 시간을 늘리자 직원들이 손님에게 칭찬받는 일이 많아져 직원들의 만족도까지 높아졌다. 그 덕분에 이직률이 반감되는 생각지 못한 효과도 일어났다.

료칸 가가야에서는 생산성 논의가 시작되기 훨씬 전부터 멀티태스킹을 위해 적극적으로 노력했다. 저녁시간에는 프런트 담당이 음식을 준비하고, 아침 체크아웃 때는 매점이 바빠지기 때문에 사무직 직원이 도와주는 일을 예전부터 계속해 왔다. 이 료칸은 현장에서 멀티태스킹을 실천하는 것과 더불어 멀티태스킹화를 계획적이고 효과적으로 실시할 수 있도록 교대 근무 관리도 탄탄한 구조로 만들었다.

료칸 로쿠야의 경우 좀 더 가벼운 멀티태스킹화에 힘쓴다. 근무 중 잠깐의 대기 시간에 에어컨 필터 청소 등 5~10분 안에 할 수 있는 간단한 일을 목록으로 만들어 실시하게 한 것이다. 누가 무엇을 했는지도 기록하고, 그것을 고과에 반영하는 구조도 만들었다. 부서를 통틀어 멀티태스킹화하기 이전에 이런 작은 일부터 시작하는 것도 좋다.

포인트 ⑦
근무일은 현장에 맞춰 유연하게 조정하라

서비스업에서는 다양한 요인으로 바쁜 시간대가 크게 변동된다. 리조트호텔은 여름에 바쁘고 겨울에는 빈방이 넘쳐나는 식으로 계절에 따라 물결치듯이 바뀐다. 백화점은 평일보다 주말에 손님 수가 많아서 일주일 간격으로 바쁜 시간대가 바뀐다. 음식점은 점심과 저녁 손님이 많고 그 외 시간대에는 손님이 적다. 비가 오면 거리에 있는 가게는 급격하게 손님이 줄어들지만, 같은 업종이라도 쇼핑몰에 있는 가게는 손님으로 붐벼 바빠진다.

여기서 든 예는 어디까지나 일반론일 뿐 손님의 움직임은 업종, 입지, 주변 상황에 따라 크게 달라지는데, 사실 바쁜 시간대는 항상 변동된다. 이 변동은 평소에 주의를 기울이면 어느 정도 예측할 수 있지만 날짜와 시간까지 정확하게 알 수는 없다. 따라서 계획적으로 현장의 인원이나 노동시간을 예측하고, 정확한 교대 근무를 사전에 편성하는 것은 실질적으로 불가능하다.

이렇게 업무량의 변동에 대응해야 한다는 문제의식은 예전부터 있었으며, 변형노동시간제(이하 변형노제)라는 노동시간 관리 제도가 이미 존재한다. 이것은 현장의 상황이 변해서 노동기준법이 정한 1일 8시간, 주 40시간의 법정 노동시간을 지킬 수 없는 경우에 인정되는 특례다. 변형노동제는 1년 혹은 1개월 등의 일정한 기간

<도표 18> 내 사업장에 맞는 제도는?

단위	산업
계절	관광업
월	제조업
주	소매업
일	요식업
시간	전 산업

손님 수의 변동은 피할 수 없다.

제도	과제
재량노동제	적용 범위에 제한
플렉스타임제	업무의 시작과 끝 시간을 직원이 결정
변형노동시간제	교대 근무 편성의 의무와 변경의 제한
가동대응노동시간제	임금 계산에 주의

기존의 노동시간 제도는 대응에 한계가 있다.

 노동시간을 관리하는 제도는 그 제도마다 장단점이 다르다. 자사 직원의 노동 방식, 손님의 움직임 등에 맞는 제도를 찾아보자.

내에, 평균 노동시간이 주 40시간을 넘지 않으면 별도의 초과근무 수당을 지급하지 않아도 되는 제도로, 많은 업체가 채택하고 있다.

일반적으로 노동시간을 1년 단위로 조정하는 것을 연간 변형노동제, 1개월 단위로 조정하는 경우는 월간 변형노동제라고 한다. 미리 교대 근무로 평일에는 하루 4시간 짧게 근무하고 바쁜 주말에는 하루 12시간의 법정시간 외 근무를 하도록 편성하면 그 기간 내에서 수지 결산을 맞춰봤을 때 초과근무 수당을 지급할 필요가 없다.

이 제도는 인건비를 절약하고 싶은 서비스업의 실태에 딱 맞는 것처럼 보이지만, 한편으로는 활용하기 매우 어려운 점도 있다. 변형노동제를 도입했을 때는 사전에 교대 근무를 편성해서 직원들에게 알려주는데, 그 후에 다시 변경하는 것은 기본적으로 허용되지 않는다는 제약조건이 있기 때문이다.

따라서 변형노동제는 손님 수 변동이 심한 서비스업 현장에서는 적용하기 어렵다. 당일에 와서 갑자기 손님 수가 늘어나거나 반대로 줄어드는 일이 다반사인 경우 변형노동제로는 유연히 대응할 수 없기 때문에 시간을 단축하고 생산성을 높이기 위한 노력이 가로막힌다.

이런 변형노동제, 플렉스타임제, 재량노동제 등으로 노동시간을 관리하는 구조에는 각각 장단점이 있다. 변형노동제는 이미 편성된 교대 근무를 변경할 수 없고, 플렉스타임제는 출퇴근하는 시간을 회사에서 지정할 수 없기 때문에 교대 근무로 움직이는 현장에 적용하는 것은 현실적이지 않다. 마찬가지로 교대 근무로 움직이는 것은 애초에 노동의 재량권이 없다는 것이므로 일반 서비스업에서 재량노동제를 채택하는 것도 불가능하다.

기존의 제도는 날짜나 시간에 따라 일손이 필요한 상황이 세세하게 변동하는 현장의 실태에 맞지 않았다. 따라서 노동시간을 관리하는 새로운 구조를 개발해야 한다.

이에 대한 대안으로 가동대응노동시간제(이하 가동대응제)를 제안한다. 가동대응제는 내가 만든 말이다.

가동대응제는 근무 규정으로 각기 정해진 노동시간을 '한 달을 통틀어 하루 평균 8시간'이라고 규정한 다음 그것을 하루에 최소한으로 일해야 하는 고정 노동시간과 현장이 돌아가는 가동 상황에 따라 지시되는 가동 대응 노동시간으로 2분할한다. 고정 노동시간을 4시간으로 했을 경우 가동 대응 노동시간은 하루 평균 4시간이다.

임금은 하루 8시간 노동의 월급제를 채택하고, 월별로 노동시간이 다르므로 월급 산정에 필요한 정해진 노동시간은 연간으로 규정한다. 서비스업 현장은 가동 상황이 그날그날 다르고, 또한 계절에 따라 변하므로 이로 인해 노동시간도 변동된다. 결과적으로 실제 노동시간을 따졌을 때 정해진 노동일의 평균이 만약 8시간에 못 미치는 달이 있다고 해도 이 제도를 설계한 취지에서 급여를 깎지

〈도표 19〉 가동대응노동시간제의 구조

■ 하루의 노동시간을 2분할
　① 변형시키지 않은 고정적인 고정 노동시간.
　② 가동 상황에 따라 매일 변하는 가동 대응 노동시간.

■ 현장의 가동 상황에 대응한 근무 방법을 확립하고, 가동률이 낮을 때는 고정 노동
시간을 최저 노동시간으로, 가동률이 높을 때는 필요에 맞게 법정시간 외 노동도
시행

■ 하루 8시간, 주 40시간을 넘는 노동시간, 휴일에 근무하는 경우에는 법정시간 외
노동으로 쳐 초과 수당 지급

■ 정해진 노동일의 평균 노동시간이 8시간에 못 미칠 때도 급여는 전액 지급

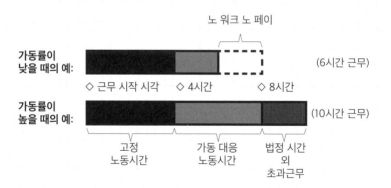

 가동대응노동시간제는 변덕스러운 손님의 움직임에 대응하기 적합하다.

않고 전액 지급한다.

언뜻 이해하기 어렵지만 간단히 말하자면, 직원은 하루에 4시간 근무, 그리고 한 달을 통틀어 평균 4시간을 초과근무로 간주해 각기 정해진 노동일에 지시가 내려진다. 그날의 상황에 따라 하루의 노동시간을 8시간에서 단축하거나 반대로 연장한다는 것이다.

가동대응제는 변형노동제가 아니기 때문에 사전에 교대 근무를 편성하고 또 그 이후 변경하는 것에 제약을 받지 않는다. 한편 노동시간이 최종적으로 한 달을 통틀어 하루 평균 8시간이 됐다고 해도 만약 그중에서 법정시간 외 노동이 있다면 시간에 따라 초과근무 수당을 월급에 더해 지급해야 한다.

노동시간이 결과적으로 하루 8시간이 됐을 때 변형노동제는 초과근무 수당을 지급할 필요가 없지만, 가동대응제는 법정시간 외 노동에 대해 초과근무 수당을 월급에 추가로 지급하기 때문에 직원의 임금이 변형노동제에 비해 늘어난다. 여기만 따지면 직원에게는 이점이지만, 사업장에는 변형노동제에 비해 총인건비가 증가하는 단점이 보인다.

그러나 가동대응제는 이미 편성된 교대 근무를 변경하는 데 제약이 없으므로 바쁜 날에 법정시간 외 노동을 하게 해도 바쁘지 않은 날에는 노동시간을 8시간에서 단축할 수 있다. 이에 따라 사회적 사명인 시간 단축을 실현할 수 있으며, 월간 총노동시간도 단축돼 결과적으로 초과근무 시간이 줄어드니 직원뿐 아니라 사업장도 큰 이점을 누릴 수 있다.

또한 직원의 삶에 미치는 영향을 생각했을 때 초과근무는 일정을 어긋나게 해 일상 생활에 지장을 주지만, 노동시간을 단축하는 것은 생활에 혼란을 주는 일도 없고 또 실질적으로 시간 단축이 이뤄지면 건강 관리도 할 수 있다.

가동대응제의 목표는 규정을 확실히 준수하면서 현실적인 관점으로 현장을 관리할 수 있게 만드는 것이다. 회사는 교대 근무의 편성 규칙을 직원에게 사전에 알리고, 이에 따라 교대 근무를 편성해서 직원의 생활에 지장이 없도록 노력해야 한다.

앞으로도 근무 규정이나 임금 규정 등의 모델을 더 구체적으로 연구해야 한다. 나아가 실제 교대 근무를 편성할 때 시간 단축을 실현하지 못한다면 당연히 의미가 없으며, 직원의 일상 생활을 흐트러뜨리지 않는 방법론 역시 확실히 구축해야 한다.

성공사례

25%나 줄어든 초과근무 시간

배송 회사 투워드는 가동대응제로 효율적인 관리에 성공하며, 시간 단축 효과를 톡톡히 본 사례다. 이 회사는 저온 관리가 가능한 물류센터를 보유해 도매회사나 생산지에서 운반되는 식품 등을 구분하고 음식점이나 슈퍼마켓에 배송한다. 직원은 파트타임을 포함해서 총 258명이다.

투워드가 가동대응제를 시작한 것은 2014년이다. 그때까지는 연간 변형노동제를 채택했는데, 한번 교대 근무를 편성하면 그 후에는 변경할 수 없다는 불편함 때문에 고생을 했다.

물류업은 화물의 양이 날마다 달라진다. 이전에는 화물이 늘어날 것을 예상해서 다소 많은 인원으로 교대 근무를 짜고 그래도 해결할 수 없으면 초과근무로 대처했다. 예상보다 화물이 적으면 직원의 대기시간이 늘어나 낭비가 생겼다. 그러면서도 한편으로는 일손 부족이 심각해져서 관리직을 중심으로 한 달에 수십 시간씩 초과근무를 하는 직원이 늘어났다.

투워드의 대표는 노동시간을 단축할 방법이 없는지 고민하다가 가동대응제를 알게 됐다. 도입에 앞서 일단 현황을 파악했는데 요일별, 계절별로 화물량을 집계하고 플롯 분석을 하니 화물량이 제일 많은 날과 적은 날이 2배 정도 차이가 나 생각보다 편차는 크지 않았다. 대표는 "가장 바쁜 연말연시와 한가로운 달의 차이가 더 클 것이라고 생각했습니다. 그런 것조차 정확하게 파악하지 못했던 거지요"라고 말했다.

다음으로 가동대응제를 도입하기 위해 근무 규정을 고쳤다. 그때까지는 하루에 정해진 노동시간이 고정돼 있었다. 이것을 단축해서 일해야 할 노동시간을 최소 4시간으로 정했다. 그리고 매일 화물량에 따라 노동시간을 지시해 하루 평균 4시간을 추가하는 것까지 명확히 했다. 이렇게 각각 정해지는 노동일의 노동시간을 평균 8시간이 되게 했다.

또 매일 업무가 시작하고 끝나는 시간, 휴식시간, 예상되는 가동 대응 노동시간 등을 정한 월간 교대 근무표를 달이 바뀌기 3일 전까지 직원들에게 통지할 것, 덧붙여 임시로 교대 근무를 변경하는 경우는 전날까지 직원에게 통지할 것도 근무 규정에 포함했다.

관리자는 직원들의 정시보다 늦은 출근과 이른 귀가를 유연하게 허용하고, 4시간 이상 일하면 결근 처리하지 않기로 했다. 물론 하루 8시간, 주 40시간을 넘는 노동에 대해서는 법정대로 초과 수당을 지급했다.

투워드에서는 KPI(중요실적평가지표)로, 매출액을 노동시간으로 나눈 값을 생산액으로 계산하는데, 가동대응제 도입 후 KPI가 2배 이상 늘어났다. 그중에서도 후쿠오카 물류센터는 과거 적자였지만 흑자로 전환했다.

투워드는 가동대응제를 무리하게 도입하지 않았다. 직원들에게 협력해달라고 요청하는 대신 휴일 수를 늘리고 급여도 올려줬다. 일반적으로 시간 단축이 제대로 진행되지 않는 것은 초과근무 비용이 생활비의 일부가 돼 일이 없어도 시간을 질질 끌면서 근무하기 때문이다. 그런 경우가 생기지 않도록 파트타임 직원의 시급과 직원들의 임금을 올렸다.

대표는 "바로 전날에 내일 조금만 일찍 나와 달라고 부탁하는 것을 직원들이 받아들여야 가동대응제가 제대로 이뤄집니다. 급여 인상이 밑받침되지 않으면, 현실적인 문제로 직원들의 협력을 얻기 어렵고 시간 단축이 제대로 되지 않습니다"라고 말했다.

각 현장에서는 급여를 인상할 기초 자금을 만들기 위해 낭비를 줄여 생산성을 높일 수 있도록 적극적으로 임한다. 가동대응제를 도입하고 생산성이 높아져 회사 전체의 초과근무 시간이 20~25%나 줄어들었다. 특히 과도한 초과근무가 눈에 띄던 관리직의 노동시간도 20% 정도 줄었다. 이전에는 25%나 되던 연간 이직률이 10% 이하로 줄어드는 효과까지 있었다. 원활하지 않았던 신규 사원 채용 문제도 해결됐다.

투워드에서는 관할 근로감독관과 상담하면서 가동대응제를 도입했다. 근로감독관은 적극적으로 상담해줬고 시간 단축을 실현한 것도 높게 평가했다. 대표는 이렇게 말했다.

"처음에는 하루의 노동시간은 8시간이라는 고정관념이 밴 탓인지 직원들의 호응을 얻지 못했어요. 반년 정도는 새로운 근무 방식으로의 전환이 잘되지 않았습니다. 지금은 직원들도 회사가 조금씩 좋아진다는 분위기를 느끼는 것 같습니다. 정착률이 높아지자 업무 기술 승계도 원활해졌습니다."

투워드가 성공한 것은 낭비 없이 일하는 방식의 중요성을 직원들에게 꾸준히 전달해 서서히 의식을 바꿨기 때문이다.

시간 단축에 대한 접근법은 다양하다. 노동시간 제도에 대해서 경영자 자신이 하루 노동시간은 8시간이라는 고정관념을 버리고 그다음 노동시간을 관리하는 다양한 방식을 적극적으로 검토해야 한다.

3단계
낭비 요소 없애기

    생산성 향상이란 손님이 원하는 일과 현장 직원이 하려는 일의 공통부분을 극대화하는 것이다. 이를 나타낸 벤다이어그램이 '손님의 요구'와 '직원의 행동' 두 가지로 이뤄진 집합 모델(55쪽 참고)이다. 이 모델은 서비스가 무엇인지 개념을 정리하는 데 매우 편리하다. 요구와 행동이 겹치는 공통부분이 손님이 원하는 '서비스'다. 겹치지 않는 한쪽 부분이 손님의 요구는 있는데 직원이 아무것도 하지 않는 '불만'이고, 그 반대가 실제 요구도 없는데 직원이 열심히 운영하는 '낭비'다. 서비스, 불만, 낭비를 하나의 모델 위에 규정했다.

    나는 이 집합 모델을 '서비스 키네틱스 원칙'이라고 부른다. 키네틱스는 운동역학이라는 뜻으로, 요구와 행동이 각기 영향을 주면서 시간이 흐를수록 연속적으로 변하기 때문에 붙인 이름이다.

포인트 ⑧
직원의 행동과 손님의 요구를 겹치게 하라

낭비를 없애는 첫걸음은 이 집합 모델로 현장을 살펴보고 전체적인 업무 절차를 정리하는 일이다. 업무 하나만으로 갑자기 효율성을 따지는 것이 아니라, 서비스를 제공하는 절차를 모두 보고 어떤 업무가 무슨 부가가치를 불러올지 검증한다.

1부에서 소개한 슈퍼호텔처럼 업무 전부를 일, 작업, 낭비의 세 가지로 분류하는 방법을 사용하면서 손님의 요구와 직원의 행동이 겹치는 공통부분에 해당하는지 조사한다.

성공사례

감으로 평가하지 않는다

미용 프랜차이즈인 오쿠시는 현장 업무를 '줄여도 손님의 만족도에 영향을 주지 않는 일'과 '비중을 늘리면 손님의 만족도가 올라가는 일'이라는 두 가지로 나누기 위해 매일 조사한다.

번화가에 있는 미용실에 비해 동네 거리에 있는 미용실은 일반적으로 현지 손님이 중심이 되므로 상권이 작다. 그런 곳은 손님의 재방문 수가 적으면 순식간에 손님 수가 줄어서 매장을 유지할 수 없다. 이를 중요하게 생각한 대표는 재방문율에 주목했다.

우선 POS(판매시점 정보관리 시스템)를 도입해서 손님의 정보가 담긴 기록 대장을 데이터화해 각 점포에서 그 정보를 검색할 수 있게 했다. 그리고 손님의 머리를 커트한 담당자가 매번 어떤 서비스를 제공했는지 시스템에 입력하게 했다. 그 전까지 미용 업계에서는 미용사의 커트 기술만이 평가의 기준이었기에, 손님의 만족도가 충분히 파악되지 않았다. 대표는 계산대에서 모든 손님에게 설문 엽서를 건넸고 손님의 목소리를 모아 정성껏 분석했다.

그러자 재방문 손님이 꼭 커트 기술만을 평가하는 것이 아니라 오히려 손님 응대나 분위기, 가격 등에서도 가치를 찾아낸다는 사실을 알게 됐다. 또한 남녀가 요구하는 서비스의 내용이 다르므로 주문을 듣는 법, 거울 보여주는 법 등 서비스의 제공 방법을 세세하게 바꿨다. 미용사에 따라 서비스 품질이 차이가 나지 않도록 메뉴 수를 줄이고 서비스를 표준화해 매뉴얼로 만들었다.

대표는 POS 데이터와 설문조사의 응답 내용을 제대로 분석하니, 그동안 회사가 직원들을 얼마나 감으로 평가했는지 깨달았다. 일을 느리게 한다고 생각해서 항상 야단을 쳤던 직원과 우수하다고 생각했던 직원을 객관적인 데이터로 보니 결과는 정반대로 나타났다. 데이터에서는 꾸중을 듣던 직원이 낭비 없이 일하며 하루에 커트하는 손님 수가 많았다. 그 순간 대표는 인간의 감각이 생각보다 많은 걸 놓치고 있다는 사실을 절실히 깨달았다.

또한 직원의 경력과 손님의 재방문율은 상관관계가 없는 것으로 나타났다. 젊은 직원 손님의 재방문율이 베테랑 직원 손님의 재방문율보다 높은 경우도 종종 있었다. 당연히 베테랑 직원들은 반발했지만 데이터는 사실을 말해줬다. 그러자 경

〈도표 20〉 서비스 키네틱스 원칙

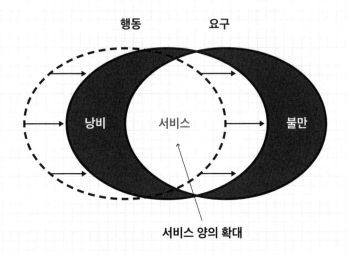

행동 　 요구

낭비 　 서비스 　 불만

서비스 양의 확대

손님이 원하는 서비스를 낭비 없이 제공한다!

 모든 업무를 손님의 시선으로 보면서 정말 필요한 것인지 재검토하면 서비스를
늘릴 수 있다.

력자 중에서도 젊은 직원에게 배우려고 하는 사람이 생겼다. 결과적으로 자존심만 내세우는 베테랑 직원은 그만두고 배울 자세가 된 직원만 남았다.

미용 업계로 대표되는 많은 서비스업 현장에서는 오랜 경력이 중요시돼 스승 같은 선배가 잘한다고 칭찬하면 급여가 오른다. 이에 따라 직원은 손님이 아니라 스승을 보고 일한다. 그러나 데이터로 직원의 능률을 제대로 파악하자 모두 '손님의 재방문율이 높은 직원이 능력 좋은 직원'이라고 생각이 바뀌면서 직원 한 사람 한 사람의 눈이 더욱 손님을 향했다.

클레임을 줄이기 위해서도 애썼다. 클레임은 손님이 느끼는 문제일 뿐 아니라 이에 대응하는 것 자체가 현장에도 부담이 된다. 예를 들면 수건, 빗, 가위 등 손님의 피부에 닿는 기구의 위생관리에는 최선을 다했지만, 개중에는 예민한 손님도 있기 때문에 수건 세탁을 외부에 위탁하고 이를 손님에게도 설명했다. 그 후 커트 전에 한 번 더 말을 걸어 손님이 보는 곳에서 에탄올 스프레이를 사용해 소독하는 식으로 충분히 신경 썼다.

매장으로 걸려오는 전화 문의나 영업 등 손님이 아닌 상대의 전화는 일단 보류하고 각 매장에서 본사로 보냈다. 매장에서 손님 머리를 커트해야 하는 현장 직원이 전화 응대에 빼앗기는 시간을 줄이고 그 시간을 손님에게 쓸 수 있도록 돌렸다.

이렇게 하자 미용실을 찾는 손님들의 만족도가 높아졌다. 재방문율은 85% 이상이었고, 세 번 이상 방문만 계산하면 90%를 넘어 15년 연속 두 자릿수로 성장한 인기 체인점이 됐다. 이 성과는 감으로 평가하는 것이 아니라 객관적인 데이터가 얼마나 중요한지 말해준다.

이 미용 프랜차이즈는 모든 업무를 손님의 시선으로 다시 조합해서 불만과 낭비를 동시에 없앴다. 서비스 키네틱스 원칙에 따라 설명하자면, 손님을 그 지역의 재방문 손님으로 정하고 직원의 일상적인 운영을 그 요구에 겹치게 한 것이다.

성공사례

직원의 설명 대신 동영상을 사용하다

손님에게 오는 문의나 클레임은 대개 업무 절차에 미비한 점이 있어 일어난다. 음식점의 경우 메뉴판 정보가 충분하지 않으면 많은 손님에게 같은 질문을 받는다. 또한 손님의 기대와 다른 요리가 제공되면 클레임이 발생해서 현장에서 일하는 직원은 이를 대응하는 데 시간을 써야 한다.

직원은 클레임을 해결할 시간이 필요하며 경우에 따라서는 서비스를 다시 제공해야 한다. 이런 일은 아무리 많이 해도 매출이 전혀 늘지 않고 노동시간만 투입될 뿐이다. 따라서 문의나 클레임을 어떻게든 없애지 않으면 현장의 생산성에 큰 영향을 끼친다.

의료기관에서도 환자의 요구와 의사의 치료 내용이 일치하지 않으면 치명적인 문제가 될 수 있다. 의료법인 호쿠세이카이는 직접 만든 동영상을 효과적으로 활용해 문제를 해결했다.

이 법인이 운영하는 클리닉에서는 레이저 치료를 원하는 환자에게 치료 내용과 수술 후 관리에 대해 설명하는 7분 정도의 동영상을 태블릿 단말기로 시청하게 한다. 법인 이사장이 직접 구성한 이 동영상은 직원들과 몇 대의 스마트폰으로 촬영해 컴퓨터로 편집한 것이다.

환자는 때때로 의사에게 반복해서 질문하거나 설명 듣는 것을 주저한다. 또한 병원에서 치료 내용을 자세하게 쓴 자료를 환자에게 전달해도 제대로 읽지 않는다. 그런 점에서 동영상은 스트레스 없이 자신의 속도로 이해할 때까지 몇 번이라도 볼 수 있고, 끝까지 시청한 후 환자가 직접 종료 버튼을 누르기 때문에 환자가 설명을 이해하지 못하는 문제도 없어졌다.

클리닉에서는 예약 방법을 5분짜리 동영상으로도 전한다. 비만 치료는 장기적인 통원 치료를 해야 하므로 환자들에게 예약 방법을 올바르게 이해시키는 것이 중요하다.

이전에는 접수 직원이 구두로 설명했지만, 동영상을 설명하는 시간이 대폭 줄어들었을 뿐 아니라 환자가 설명을 이해하지 못하는 문제도 방지됐다. 게다가 동영상 활용으로 생겨난 시간은 환자에게 다시 돌아간다. 비만 치료 1회당 30분 정도 여유가 생겨서 처방약 설명을 시간을 들여 꼼꼼하게 할 수 있었다.

이사장은 "비만 치료는 생활 습관 개선이 중요합니다. 이를 위해 의사가 하는 말을 제대로 실행할 수 있도록 신뢰감을 주는 것이 먼저 필요합니다"라고 말했다.

대기실에서도 "앞으로 몇 명 남았습니다. 기다리게 해드려서 죄송합니다"라는 식으로 환자 한 명 한 명을 살핀다. 접수 직원의 세심한 배려도 동영상 활용 등으로 업무 부담을 덜었기 때문에 가능한 일이다.

서비스는 손님의 요구와 직원의 행동 사이에 있는 공통부분이다. 이것이 서로 잘 맞지 않아서 손님의 문의나 클레임이 일어나는데, 그 원인을 없애기 위해 이 법인은 환자에게 서비스 내용과 제공 방법을 사전에 확실히 전달해서 환자의 요구와 직원의 행동이 빗나가지 않도록 노력하고 있다.

기계화에 맞는 현장, 맞지 않는 현장

과자 제조 회사 요시무라칸로도의 간판 상품은 다양한 맛의 과자를 즐길 수 있는 모둠팩이다. 기존에는 대형 기계로 과자를 담았기 때문에 종류별로 수량을 정해 봉지에 넣을 수 없었다. 봉지에 담기 전 일일이 쌀과자와 화과자를 가능한 한 섞고, 지정된 중량만큼 기계로 봉지를 채워서 어느 것이 몇 개 들어가는지는 열어보기 전까지는 알 수 없었다. 4대째 회사를 운영하고 있는 이 회사의 대표는 그것이 바꿀 수 없는 당연한 한계라고만 생각했다. 그러던 어느 날 손님에게 엽서 한 장을 받았다.

"제가 좋아하는 맛의 과자가 봉지에 하나도 없었어요."

엽서를 읽은 대표는 손님의 마음이 절실히 느껴져 이렇게 결심했다.

'지금부터는 개별적인 요구에 어떻게 대응하는지가 중요해질지도 몰라. 좋아하는 맛만 먹고 싶다거나 한 봉지로 여러 맛을 즐기고 싶다는 손님의 요구에 맞출 수 있도록 바꿔보자.'

그런데 중량만이 아니라 개별 상품의 수량까지 맞춰 정확하게 봉지에 담으려면 대규모 설비 투자가 필요했다. 하지만 그럴 만한 여유가 없었고, 또 한다고 해도 투자금을 회수할 만큼 매출이 확보된다는 보장도 없었다. 대형 기계는 설정을 맞추기가 힘들어서, 이를 활용하는 건 얼핏 효율적인 것 같지만 보이지 않는 곳에서의 부담이 늘어난다.

여러모로 고민하다가 봉지에 포장하는 과정을 예전처럼 사람 손으로 하자는 역발상에 이르렀다. 합리적인 운영을 위해 기계화를 진행했지만 결과적으로 개별적인 소비자의 요구를 맞추려면 수작업이 필요하다고 생각했다.

봉지에 포장하는 공정만 보면 확실히 기계로 했을 때보다 더 많은 인원이 투입되므로 생산성이 떨어져 시대의 흐름에 역행하는 듯했다. 그러나 이렇게 하면 종류별로 같은 개수를 정확히 봉지에 넣을 수 있었다. 실제로 방식을 바꿔보니 기계 설정에 들이던 준비시간 등이 없어진다는 이점도 있었다. 깨지거나 금이 간 불량 상품을 제거할 수 있어 전 공정에서 하던 확인 업무를 최종 포장 공정으로 합쳤다.

현재는 수작업으로도 기계와 비슷한 속도로 제품을 생산하게 돼 재고를 안을 필요도 없어졌다. 예전에는 기계의 효율을 생각해서 한 번에 대량으로 생산했지만, 지금은 손님이 원하는 상품을 팔 수 있을 만큼만 만들기 때문에 회사 전체의 생산성도 높아졌다. 재고가 쌓이지 않으면 무리해서 판매할 필요가 없으므로 가격을 낮춰 팔지 않아도 된다.

2019년 3월에는 7종류의 쌀과자를 함께 담은 상품이 대형마트에 들어갔다. 7종류를 고르게 넣은 것이 좋은 평가를 받았다. 게다가 특정한 맛을 빼거나 더 다양한 종류의 제품을 만들어 손님의 세세한 요구에 대응할 수 있었다. 대표는 "손님의 만족을 더욱 추구할 수 있는 구조가 됐습니다"라고 말했다.

<도표 21> 기계 못지않은 수작업의 성과

요시무라칸로도가 한 번 주기의 상품 생산에 들이는 시간

기계로 포장	검품	절차 변경	기계 설정	상품 섞기	상품 투입	상품 포장

수작업 포장	검품	절차 변경	상품 포장

처음에는 이런 방법이 제대로 성공할 수 있을지 의심스러워했던 직원들도 지금은 나날이 생산성이 높아지는 것을 실감한다.

 자동화가 맞는 현장과 맞지 않은 현장이 있다. 자동화=생산성 향상이 아니다.

손님의 요구를 진지하게 추구한 결과 이 회사는 기계화를 그만두고 직접 손으로 생산하는 방법을 되찾는 선택을 했다. 확실히 대량 생산할 때는 기계에 의한 자동화가 효과적이지만, 손님의 요구에 세세하게 대응하려고 한다면 주문마다 절차를 변경하는 준비 작업이 필요하며 주문 수가 많아질수록 기계화는 생산성을 떨어뜨린다.

생산성은 손님이 원하는 서비스를 낭비 없이 제공함으로써 높아진다. 처음부터 손님이 원하지 않으면 생산성에 도움이 되지 않는다. 그래서 손님이 원하지 않는 상품을 만들거나 가격 인하로 재고 처리하는 일을 멈추기 위해 손님의 요구에 맞추려고 노력하고 있다.

손님의 요구가 다양하지 않은 상품은 기계화가 알맞을 수도 있다. 반면에 손님이 다양하고, 개별적인 요구도 다양한 경우에는 수작업으로 되돌린다는 선택지도 있다. 이 회사는 손님의 요구와 직원의 행동을 겹치게 하기 위해서 기계화보다 수작업이 유리하다고 본 유형이다.

포인트 ⑨
매뉴얼화로 서비스 품질을 높여라

제조업이 생산하는 제조품은 매장에 진열되고, 손님은 그것을 직접 만지거나 움직여서 품질을 확인한 뒤 구입 여부를 결정할 수 있다. 그러나 서비스라는 제품은 서비스 품질에 불만이 있어도 그 시점에서 이미 서비스를 제공받았기 때문에 손님은 값을 지불해야 한다. 서비스의 특징은 제공받기 이전에 품질을 확인할 수 없다는 것이다.

기대했던 품질에 미치지 못했다면 손님이 할 수 있는 일은 클레임을 걸거나 조용히 다시 이용하지 않는 정도다. 반대로 품질이 기대한 대로라면 다시 서비스를 제공받으러 오기 때문에 재방문율이 올라간다. 품질이 변하면 손님은 불만을 느껴 재방문하지 않는다. 게다가 그 견해를 주변 사람들에게 전하면 신규 손님이 줄어들기도 한다.

서비스업 현장은 다수의 파트타이머 같은 단기 고용 직원에 의해 유지되기 때문에 결과적으로 사람에 따라 기술 격차가 생겨 제공되는 서비스 품질이 불균형해지기 쉽다. 서비스 품질의 불균형을 막지 못하면 안정적으로 손님을 모을 수 없다. 그래서 서비스를 제공하는 업무 절차의 표준화와 매뉴얼화, 그리고 그것을 바탕으로 하는 기술 연수가 꼭 필요하다.

서비스업의 기본은 손님의 요구에 맞추는 것이다. 손님의 요구는 다양할 뿐 아니라 같은 손님이라도 상황에 따라 요구가 달라진다. 현장에서 손님을 대하는 직원의 임기응변 능력이 필요하므로 표준화와 매뉴얼화는 익숙해지지 않을 것이라 생각하기 쉽다. 그러나 표준화와 획일화는 별개다.

같은 서비스를 제공하기 위해 필요한 업무는 같기 때문에 표준화하지 않으면 사람 수만큼 다양한 제공 방법이 존재한다. 그중에는 낭비 없이 짧은 시간에 제공하는 방법도 있어서 개개인의 방법이 우수한지 아니면 낭비가 있는지를 정해진 표준 절차를 기준 삼아 평가할 수 있다.

표준 절차에 비해 낭비가 더 적은 방법이 나온다면 표준 절차를 그 방법으로 변경해서 업무를 개선할 수 있다. 이렇게 표준화라는 구조가 없으면 현장에서 일하는 직원의 경험을 회사의 지식으로 전환할 수 없다.

작업 표준을 구체적으로 써 내려가면 매뉴얼이 된다. 이에 따라 인재 교육이 계획적으로 진행되고 업무 절차도 안정돼 직원이 바뀌어도 같은 품질의 서비스를 지속할 수 있다. 업무 절차의 재검토가 생산성을 끌어올리고 시간 단축을 가져온다.

료칸 그룹 중 하나인 이치노유는 직원 1명이 최소 세 가지 역할을 해낼 수 있도록 구조를 만들어 인재를 육성한다. 우선 업무 하나하나의 범위와 서비스를 명확히 해서 각 작업을 표준화하고 매뉴얼을 만들었다. 작업 내용에 따라 업무 단위(업무량을 지수화한 것)를 정해 손님 수로 총노동시간을 계산할 수 있는 '모델 워크·스케줄링 시스템'을 개발해 직원의 교대 근무를 최적으로 배치한다.

다만 아무리 작업을 표준화하고 매뉴얼화해도 혹은 자동화나 IT화를 진행해도, 인간에 의한 작업이 비효율적이라면 생산성을 높일 수 없다. 또 숙련된 베테랑 직원에게만 의존해서는 서비스 품질이 불균형해진다. 많은 서비스업 현장에서 경험이 적은 파트타이머가 투입되므로 일정한 역할을 해내고 한층 더 멀티태스킹화를 진행하려면 기술 연수가 필요하다.

이치노유에서는 기존의 방식에 얽매이지 않도록 다른 업종에서 많은 직원을 채용한다. 채용 시 취업 교육은 물론 그 외에도 상사와의 일대일 대화를 통한 OJT(직장 내 훈련) 또는 해외 시찰이나 세미나도 추진한다. 이처럼 표준화와 매뉴얼화, 기술 연수는 서로 연결돼서 함께 진행해야 한다.

4단계
손님의 요구 이해하기

    지금까지 다양한 사례를 바탕으로, 생산성을 높여 시간 단축으로 이어지는 방법을 이야기했다. 애초에 필요한 서비스를 최적의 타이밍으로 손님에게 제공하려면, 손님의 기분을 파악해서 그 요구를 정확히 이해하는 것이 필수적이다.

    손님의 요구를 파악하려면 어떻게 해야 할까?

    현장에서 손님과 마주하는 직원이 그 손님과 대화하는 것이 최선의 방법이다. 직원에게 갑자기 지금부터 손님과 대화해 손님의 요구를 찾으라고 지시해도 바로 되기는 어렵다. 따라서 손님과의 대화에서 진정한 요구를 찾는 방법에 더 관심을 기울여야 한다.

포인트 ⑩
손님과 대화하라

다양한 현장을 잘 살펴보면, 직원이 공통된 단계를 밟아 최종적으로 손님과 대화하는 것을 알 수 있다. 먼저 직원은 손님의 행동을 '관찰'한다. 그 사이에 기회를 찾아서 '미소'로 맞이하고 그다음 '인사', 그리고 '대화'로 연결한다. 관찰에서 시작해 미소, 인사, 대화로 이어지는 일련의 단계를 나는 '손님 환대 피라미드'라고 부른다. '피라미드'라는 말을 사용하는 이유는 각 단계에서 인원이 점점 줄어들어 피라미드 형태가 되기 때문이다.

서비스의 중요한 공정 중 하나인 환대에 관해 어떤 것이 옳고, 또한 옳지 않은지 의견이 나뉘는 듯하지만 대개 손님을 맞이하는 예절을 중요하게 여긴다. 직원이 환대 서비스를 제공하려 할 때 정확한 형태가 무엇인지 신경 쓴다면 정작 손님은 보이지 않을지도 모른다. 따라서 환대의 구조를 이해해 서비스를 제공하는 업무 절차에 제대로 집어넣는 것이 중요하다.

우선 환대가 무엇인지 개념을 명확히 하자. 일반적으로 환대라고 하면 배려하는 마음으로 손님에게 무언가를 하는 이미지를 떠올릴 것이다. 그러나 상대가 요구하지 않는 일을 하면 그것은 독선으로, 상대는 쓸데없는 참견이라고 느껴 돈을 내고 싶은 마음이 사라진다. 따라서 환대는 상대가 원하는 일을 앞질러 하는 것이다. 단순

〈도표 22〉 손님 환대 피라미드

 무엇을 위해 접객을 하는가? 어떻게 하면 서비스 품질을 높일 수 있는가? 위의
도표는 그 질문을 체계화한 것이다.

히 행위나 동작만이 아니라 인사부터 대화에 의해 손님의 요구를 발굴하는 단계다.

환대란 결코 수고로운 접객이 아니라 손님의 요구를 이해해서 생산성을 높이는 중요한 업무 단계다. 구체적인 사례를 들어 손님 환대 피라미드를 소개한다.

성공사례

[관찰] 약속 없이 손님을 방문하는 신용조합

히로시마시 신용조합은 총수에서 지점장, 직원에 이르기까지 모두가 매일 거래처를 방문한다. 특히 이사장의 방식이 흥미롭다. 그는 미리 약속을 잡지 않는다. 그 회사를 담당하는 지점장에게도 연락하지 않고 거래처를 계속 방문한다. 많은 날에는 15군데의 회사를 방문한다. 이를 위해 차 트렁크에는 항상 간단한 선물용 과자가 준비돼 있다.

이사장이 온다는 사실을 알면 회사 측은 신경 써서 실수가 없도록 모든 준비를 하고 기다린다. 그래서는 회사의 참모습을 관찰할 수 없기에 약속 없는 방문이 중요하다. "기계가 바쁘게 움직였다"거나 "현장이 어지럽혀져 있었다"는 식의 정보는 본부에 올라오는 심사 서류 등에는 나오지 않는 정보지만 대출 유지 등을 판단하는 데는 뜻밖의 귀중한 재료가 된다.

방문지는 지점장의 일지를 보고 고른다. 지점장은 방문한 회사의 모습을 한눈에 알아보기 쉽게 정리한다. 이사장은 매일 아침 5시 넘어 출근해 가장 먼저 이 일지를 훑은 후 궁금했던 회사를 적어놨다가 나중에 방문한다.

이사장은 매일 아침 6시 45분부터 임원회의를 한다. 회사 내의 일을 이른 아침에 정리한 뒤 9시 이후 시간대를 기업 방문에 쓴다. 이렇게 신용조합에서는 총수를 선두로 해서 모두가 결산서와 융자 심사 서류로는 알 수 없는 생생한 경영 실태를 파악하려고 노력한다.

회사가 어떤 일로 곤란을 겪는가? 무엇을 원하는가? 신용조합은 이를 잘 파악하기 때문에 대출 심사도 신속하게 이뤄진다. 시기적절하게 대출을 제안해 그 회사의 사업 확장을 지원할 수도 있다. 결과적으로 자금 수요가 침체된 지방도시에서 신용조합은 대출액과 본업의 이익을 나타내는 핵심 업무의 순이익을 해마다 늘리고 있다.

최근 많은 금융기관이 위험을 회피하려고 하다 보니 회사의 재무 상태를 보고 대출 여부를 판단한다. 그러나 정량 정보만으로는 기업의 진정한 경영 실태가 보이지 않는다. 매일 대면하면서 정서적인 정보를 축적하는 것이야말로 유망한 대출처 발굴로 연결되고, 한편으로 불량채권화를 막을 수 있다. 고도의 AI로 분석한다고 해도 손님의 진정한 요구를 파악하지는 못한다. 아날로그 현장에서 관찰을 통해 오감으로 얻은 정보를 모아 진실을 파악할 수 있다.

이 신용조합은 손님을 직접 만남으로써 말로 나오지 않는 손님의 진정한 요구를 탐색한다. 손님 환대는 단순히 손님의 만족도나 서비스 품질을 높이기 위한 행위나 동작이 아니라, 생산성을 추구하는 데 없어서는 안 되는 현장의 중요한 업무 절차다.

[미소] 손님에게 안심을 주는 메시지

왜 사람들은 미소를 지을까? 미소는 서로 안심시키거나 만족감을 확인하기 위한 행위다. 화가 난 사람에게는 아무도 다가가고 싶지 않지만, 미소 띤 사람에게는 쉽게 마음이 열린다. 미소는 손님이 다가가기 쉬운 환경으로 만들어준다.

침구 프렌차이즈 회사에서는 '매출에 앞서 미소'를 정책으로 삼는다. 회사를 향해 손님이 보이는 미소는 그중 일부가 최종적으로 매출이 된다고 여긴다. 손님의 미소를 많이 받을수록 매출이 늘어난다고 본다. 그래서 직원은 이불을 팔기 전에 어떻게 하면 손님을 웃게 할지 생각하며 현장에서 행동한다.

[인사] 환자의 만족도가 흑자로 돌아오다

쇼난병원은 오랫동안 일손 부족 때문에 고민이 많았다. 초과근무가 당연했고 환자에게선 끊임없이 클레임이 들어와 적자 경영이 계속됐다. 2006년에 취임한 원장은 경영 개편을 위해 원내에서 일단 인사를 철저히 하도록 했다.

병원 내의 다양한 문제는 기본적으로 커뮤니케이션 부족이 원인이었지만 아무리 노력해도 좋아지지 않았다. 원장은 인사는 누구나 할 수 있으며 대화는 반드시 인사에서 시작되기 때문에, 우선 인사를 하게 되면 그 일부라도 대화로 이어질 수 있다고 판단했다.

이전에는 의사나 간호사가 환자에게 인사하지 않았고 직원들끼리도 마찬가지였다. 원장은 혼자라도 하자는 심정으로 "안녕하세요", "수고하셨습니다"라고 큰소리로 계속 인사했다. 얼마 지나지 않아 병원 전체 직원들 사이에, 직원과 환자 사이에 인사하는 일이 많아졌다.

이로 인해 병원이 크게 바뀌었다. 인사할 때마다 환자의 얼굴을 보기 때문에 환자의 안색이 나쁘거나 목소리에 생기가 없는 등의 변화를 의사와 간호사가 재빨리 알아차렸다. 또 환자나 가족들이 평상시 의사나 간호사와 의사소통이 잘 이뤄진다고 진심으로 말해줬다. 결과적으로 병원에 어떤 불만이 있는지 혹은 어떤 점에 감사함을 느끼는지 매일 발견하게 됐다.

환자와 가족들의 만족도가 높아지자 이 병원은 지역에서 사랑받는 병원으로 재탄생해 흑자로 전환했다. 현재는 주변 병원이나 클리닉에까지 인사 운동이 확대돼 의료기관 사이의 커뮤니케이션도 밀접해졌다. 그 결과 조직을 넘어 서로의 얼굴을 보게 됐고, 지역에서 각 의료기관이 원활하게 연계해 고령화에 대응한 의료 서비스를 충실히 준비할 수 있었다.

병원을 향한 불만은 대부분 정보가 제대로 전달되지 않아 생긴다. 환자가 기다릴 때, 직원이 "사람이 많으니 조금만 기다려주세요"라고 말하면 진정되는데 그냥 내버려두기 때문에 불만이 생긴다. 이런 정보 전달의 실수를 줄이기 위해서는 대화의 기회를 늘리는 수밖에 없지만, 갑자기 대화하라고 명령한다고 되는 일이 아니다. 대화는 인사에서 시작되기 때문에 우선 인사만이라도 하자는 원장의 판단은 참으로 적절했다.

[대화] 성가실 정도로 손님을 배려하라

비즈니스호텔 난카이구라시키는 시설 면에서 대기업 체인에 대적할 수 없었기 때문에 직원들의 철저한 환대로 호텔을 차별화했다. 로비에 누군가 있으면 직원이 곧바로 차를 내오고, 그것을 계기로 지배인, 직원, 대표가 가벼운 대화를 나누기 시작한다. 사소한 잡담 속에서 손님을 파악하고 부탁받은 일은 가능한 한 해낸다.

직원들은 마음을 써서 손님을 배려한다. 식사 중 손님이 테이블에 약을 내놓으면 약이 잘 녹도록 차가운 물이 아닌 체온과 비슷한 온도의 물을 가져온다. 직원들은 손님 개개인에게 서비스를 제공하기 위해 릴레이로 업무를 하거나 서로 도우려고 많은 대화를 한다.

호텔의 지배인은 "다른 호텔에 비하면 우리는 성가실지도 몰라요", "쓸데없이 참견하는 거예요"라고 말하지만, 이런 서비스를 좋아하는 손님은 나중에 다시 호텔을 방문한다.

실제로 재방문 손님이 많은데, 굳이 재방문율을 조사하거나 분석하지는 않는다. 출장 온 사람이 많이 이용하기 때문에 재방문율이 손님의 만족도를 반드시 정확하게 반영한다고 생각하지 않기 때문이다. 또 단기적인 가동률 변동에도 동요하지 않고, 손님이 적을 때야말로 한층 더 손님을 환대하는 데 신경 써서 만족을 줄 수 있도록 노력한다.

서비스업은 손님이 언제 올지 모르고, 손님이 오지 않으면 서비스를 제공할 수 없다. 그렇게 되면 특정 작업시간을 단축한다고 해도 오히려 대기시간이 늘어나는 경우가 많아진다. 따라서 생산성을 높이려 할 때는 작업 속도를 올린다는 발상부터 몰아내야 한다.

일단은 하나하나의 서비스가 정말 필요한지, 없어도 매출이나 손님의 만족도에 영향을 주지 않는 업무는 어떤 것인지 한 걸음 물러난 시선에서 검토하는 것이 중요하다. 이를 판단하는 데 중요한 요소가 손님과의 대화다.

5단계
전략 수정하기

지금까지 소개한 1~4단계를 간략히 정리하면 다음과 같다.

먼저 현황을 올바르게 파악한 후 교대 근무 편성을 고민하고, 손님의 요구에 맞지 않는 쓸데없는 업무를 중단함으로써 시간을 단축해 생산성을 높인다. 이것은 현재의 사업 모델을 바꾸지 않고 업무 절차를 개편하는 방법이다.

이제 5단계에서는 좀 더 크게 도약하기 위해 사업 전략을 만드는 세 가지 방법을 소개한다.

포인트 ⑪
큰 거래보다 작은 거래로 실리를 취하라

매출을 늘리기 위해 경영자는 대부분 거액의 거래를 원한다. 하나의 계약으로 점점 큰 매출이 들어오면 효율적이고 생산성도 높다고 느낄 것이다. 하지만 정말 그럴까? 거액 거래의 단점도 생각해 봐야 한다.

거액의 계약이 성사되면 경영이 안정될 것이라 여기기 쉽지만 오히려 거래처가 시키는 대로 하게 돼 경영의 자유를 빼앗기는 경우가 있다. 가격 인하 요구를 따르다 보면 이익률이 떨어지고, 어떤 이유로 계약을 잃게 되면 그 손해는 헤아릴 수 없다.

주류 판매 업체 야마다는 예전에는 거액의 거래처로 운영을 유지했다. 크루즈선과 정기 항로의 선박에 맥주를 대량 납품하는 일이 주 업무였는데, 이것이 매출의 30%를 차지했다. 맥주를 보관할 대형 냉장고가 필요했고, 소비되지 않은 부분은 다시 인수하기로 계약해 거래처가 가격 인하를 요구해도 거부할 수 없었다.

1989년에 대기업을 그만두고 4대째 내려온 가업을 이어받은 대표는 이대로 가면 회사의 미래가 없다고 생각해 사업구조를 바꿔야겠다고 마음먹었다. 우선 맥주 할인이나 외상 판매를 일절 하지 않았다. 줄어든 매출을 보완하기 위해 대신 사케나 소주를 취급하는 데 힘을 쏟았다.

그저 사업의 확장이나 효율만을 추구하면 다른 많은 주류 판매점처럼 할인점이 될 것이라 생각한 대표는 일부러 비효율을 추구하기로 했다. 특정한 거액의 거래처에 계속 의존하는 대신 소액 거래처를 더 늘린 것이다.

작은 거래처인 음식점의 요구도 정성껏 받아들여 어떤 요리를 잘하는지, 객단가는 어느 정도인지 파악하고 이에 맞춰 예산 범위에 있는 술을 추천했다. 유명한 상품의 비싼 술만이 아니라 세간에 잘 알려지지 않은 작은 양조장의 맛있는 술을 찾아 직접 맛보며 품목을 조금씩 늘려갔다.

당시에는 각지의 양조장을 방문할 시간과 자금이 없었기 때문에 편지나 전화로 의사를 전달해서 거래처를 점차 늘렸다. 판매처인 음식점에는 메뉴를 제안하고 이벤트를 기획하는 일도 도왔다. 가게 주인의 입장에서는 술의 종류도 다양하고 여러 가지로 각별히 신경을 써주는 이 업체가 매우 고마운 존재였다.

좋은 평판이 점점 퍼지자 판매처도 전국으로 확대됐다. 그 결과 처음 경영을 이어받았을 때는 겨우 20개였던 판매처가 지금은 1,600곳이 넘는다.

판매처는 기본적으로 작은 가게뿐이라서 한 번의 거래액은 1만 5,000엔(약 15만 원) 정도다. 거래는 무조건 정가 판매로만 하며 할인은 하지 않고, 대금을 받고 나서 다음 주문을 받는 원칙을 철저히 지키므로 돈을 떼일 염려도 없다. 배송료는 손님이 부담한다. 상대가 큰 기업이라도 정가 판매를 고수하기 때문에 총이익률은 약 30%로 이전의 2배가 됐다.

이처럼 소액 거래가 증가하면 계약 수가 계속 늘어나 사무 작업이 번거로워진다고 생각하기 쉽지만, 대신 한 건의 계약을 잃어도 경영에는 전혀 영향이 없기 때문에 가격 교섭에 시간을 들이지 않아도 된다.

최소한의 일손으로 운영할 수 있는 이점에다 거액의 거래처 때문에 필요했던 커다란 창고도 필요가 없어졌다. 자사의 재고 현황과 손님의 구매 이력을 대조해 선호하는 상품을 추천하므로 불량 재고도 생기지 않는다.

경영자는 매출 수치의 크기에 현혹되기 때문인지 거액의 거래에 드는 수고를 의식하지 않을 때가 많다. 그러나 소액의 거래처를 다수 확보하는 편이 쓸데없는 일을 줄이고 생산성이 오르는 경우도 종종 있다.

포인트 ⑫
비수기를 공략하라

음식점에서는 주로 점심이나 저녁에 손님이 줄을 서지만, 그 외의 시간대에는 손님이 별로 오지 않는다. 료칸은 주말에 손님이 많고, 비즈니스호텔은 반대로 평일에 손님이 집중된다.

이렇듯 손님 수가 시간별, 날짜별, 나아가 계절별로 변동되기 때문에 딱 바쁠 때만 필요한 직원 수를 확보해두기는 어렵다. 다만 이것이 어쩔 수 없는 일이라고 포기할 필요는 없다. 아무것도 하지 않으면 시설이나 직원 수의 규모가 손님 수의 최고점에 맞게 커져서 고정비가 올라간다. 그러나 여러모로 궁리해서 손님의 움직임을 조절하거나 손님이 몰릴 때와 몰리지 않을 때 현장에서 받는 부담의 차이를 가능한 한 줄이는 데 성공한 곳도 있다.

업무의 평준화를 추진하기 위해서는 성수기의 수요를 무너뜨리거나 반대로 비수기의 수요를 찾아내는 등의 방법이 있다. 또한 직원들에게 부담이 집중되지 않도록 업무 절차를 유연하게 하는 것도 하나의 방법이다.

온천 료칸 무카이타키는 관광 시즌인 벚꽃이 피는 봄부터 가을 사이에 손님이 많다. 그런데 겨울에 접어들어 눈이 내리기 시작하면 손님이 오지 않아 매출은 그냥 포기하는 분위기였다.

그러던 것을 생각을 바꿔 눈에도 매력이 있다는 관점으로 접근했다. 일몰부터 저녁 사이의 시간대에 촛불을 넣은 대나무 통을 안뜰에 늘어놓고 '촛불과 함께하는 눈 구경'을 시작했다. 관광객에게 아주 좋은 반응을 얻어, 비수기라서 손님이 오지 않을 것이라고 생각했던 겨울에도 투숙객이 60%나 늘었다. 매력적인 서비스를 제안해서 지금까지 없었던 새로운 수요를 만들어낸 것이다.

세탁 프랜차이즈 기쿠야는 계절에 따라 세탁 공장의 가동률이 크게 변했는데, 그 부담을 덜어 평준화하는 새로운 서비스를 잇달아 만들었다. 사람들은 클리닝 업체에 철 지난 옷을 맡기기 때문에 봄에는 풀가동이 되고, 가을에는 가동률이 80%, 여름과 겨울은 약 50%까지 내려간다. 특히 연휴 전후와 평일을 비교하면 가동률은 약 14배나 차이가 났다. 일주일을 놓고 보면 주말에 집중되고, 비가 오는 날에는 줄어들었다.

이렇게 가동률에 불균형이 생기면 점포나 세탁 공장의 작업량도 크게 달라져 적절한 인원을 배치하기 어렵고, 결국 대응을 포기한다. 그러나 기쿠야에서는 어떻게든 평준화할 방법을 찾아 지혜를 짜내다가 세탁을 맡긴 손님이 세탁물을 반드시 빨리 찾기를 원하는 것은 아니란 사실을 깨달았다.

그래서 방문한 손님 개개인에게 세탁물 반환일을 미리 지정하게 해서, 그대로 오면 할인해주는 서비스를 시작했다. 이로써 인수까지의 기간에 드는 부담을 덜었다. 여기에 'e클로젯'이라는 서비스도 시작했다. 철 지난 옷을 다음 교체 시기까지 보관하는 서비스로,

계절을 넘나들며 작업 부담을 덜어줬다.

　결과적으로 반환일에 맞춰 세탁 공정을 재편성해 공장의 작업량을 평준화하는 데 성공했다. 5개였던 공장을 2개로 줄였고, 경영이 개선됐을 뿐 아니라 계절별로 고용했던 파트타임 직원을 연간 고용으로 바꿀 수 있었다.

매출을 노리는 설비 투자는 시대착오적이다

지금까지 경영은 기본적으로 매출이 늘어나는 것을 전제로 했다. '설비 투자 → 손님 증가 → 매출 증가 → 생산성 향상 → 설비 투자 → …'와 같은 식으로 설비 투자를 반복하는 주기를 빠르게 돌려서 회사를 성장시켰다. 서비스업에서는 점포 면적을 넓히거나 객실 혹은 점포를 늘리는 식이다.

그러나 본격적인 인구 감소 시대를 맞이함으로써 앞으로 손님 수에 큰 영향이 생기는 것은 피할 수 없는 일이다. 서로 손님을 빼앗는 지나친 경쟁이 심화되면 저가격 경쟁에도 말려들 것이다. 이처럼 회사가 매출을 늘리는 것을 전제로 하기가 어려운 시대가 됐을 때, 어떤 생각으로 설비 투자를 하면 좋을까?

약 600년간 이어진 전통 료칸 유누시이치조라는 곳이 있다. 역사의 대부분은 온천 치료를 하러 온 사람들을 위한 곳이었지만, 1965년 무렵부터 관광이 활성화되는 것을 염두에 두고 설비 투자를 하며, 객단가가 높은 관광객도 묵을 수 있도록 시설을 대형화했다. 매출은 늘었지만, 시설 내에 장기 체류하는 객단가가 낮은 온천 치료 손님과 1박 2일로 오는 객단가가 높은 단체 관광객이 섞이면서 점차 손님이 떠나갔다.

2003년에 20대 대표가 사업을 물려받았을 때 이 료칸은 경영 위기에 몰렸다. 그러자 대표는 온천 치료 손님이 묵던 객실을 고급 음식점의 룸으로, 연회장을 스위트룸으로 고치는 설비 투자를 단행했다. 74개였던 객실 수는 처음에 67개로, 다음은 50개로, 최종적으로 24개로 점차 줄었다.

이로 인해 온천 치료 손님이나 단체 손님 이용은 급격히 줄었지만 넓고 여유로운 방에서 손님들을 극진히 대접하자 객단가가 올랐다. 결과적으로 매출액이 2배 이상 늘었다. 게다가 객실 수를 크게 줄여 서비스를 충실히 하자 붐비는 주말을 피한 평일 손님도 늘어나 객실 가동률의 평준화도 이뤄졌다.

날짜에 따라 손님 수가 크게 바뀌면 시설과 설비뿐 아니라 서비스를 제공하는 직원 수도 가장 바쁜 시간대에 맞춰진다. 손님이 적을 때는 시설이나 설비, 직원이 남는 시간을 주체하지 못해서 회사 전체의 고정비가 올라가 경영을 압박하는 상황에 빠진다. 이 료칸은 일부러 객실 수를 줄이면서 동시에 제공하는 서비스를 재검토해 매출이 늘었고 객실 가동률도 평준화돼 생산성이 높아졌다. 이렇게 되면 회사가 한층 더 성장하기 위한 다음 단계의 설비 투자 기회가 보일 것이다.

앞으로 요구되는 것은 매출을 늘리는 목적의 설비 투자가 아니라 '설비 투자 → 생산성 향상 → 손님 증가 → 매출 증가 → 생산성 향상 → …'과 같이 생산성을 높이기 위한 설비 투자를 해서 결과적으로 매출이 늘어나는 순환 구조로 바꾸는 일이다.

포인트 ⑬
손님에 따라 변화하라

손님의 요구에 맞춰 현장에서 응대하는 것이 서비스기 때문에 서비스업은 손님이 없으면 성립하지 않는다. 따라서 장사를 시작하려고 할 때는 어떤 사람들이 있고, 그 사람들이 무엇을 원하는지 생각해야 한다.

사람들은 외출한 곳에서 배가 고프면 뭔가를 먹고 싶어 한다. 그러나 먹고 싶은 음식이 있어도 때마침 가진 돈이 부족하면 먹을 수 없는 경우가 있다. 또한 아무리 먹고 싶은 음식이 있다고 해도 어디든지 원하는 곳으로 이동할 수는 없다. 따라서 무언가 하고 싶어도 현실적인 제약을 고려해서 한정된 선택지 중 최적의 서비스를 선택한다.

한편 서비스를 제공하는 측 역시 무언가를 판매하고 싶다고 생각해도 뭐든지 할 수 있는 것은 아니다. 가게를 열면 그 후에는 쉽게 이전할 수 없다. 또 직원 수나 기술이 서비스의 내용이나 품질을 결정하고, 점포 면적이 최대 손님 수를 결정한다. 사업장도 제약 속에서 서비스를 제공한다.

결국 손님의 제약이 잠재적인 요구를 만들고, 그것을 받아 제공해야 할 서비스의 내용이나 규모가 정해진다. 게다가 그곳에 있는 손님의 유형도 시대의 흐름 가운데 변화하면 제약이 바뀌게 되고 이에 따라 요구도 변화한다. 그렇게 되면 지금까지 제공하던 서비스의 내용을 바꿔야 한다.

제조업은 어디에서 만들어도 같은 상품을 어디에서든 팔 수 있다. 생산 입지의 제약을 거의 받지 않지만, 반대로 어디에서 만들어도 똑같은 제품이기 때문에 매우 혹독한 국제적인 시장 경쟁에 노출된다.

이와 반대로 반드시 손님이 있어야 하는 서비스업은 손님이 있는 곳에서만 서비스를 제공할 수 있기 때문에 제조업과 같은 국제적인 시장 경쟁에 노출되지 않는다는 이점도 있다. 하지만 그 자리에 있는 손님이 바뀌면 서비스 내용도 이에 맞게 바꿔가야 하는 어려움이 있다.

성공사례

3대에 걸쳐 운영 방향을 바꾸다

중간급 규모의 병원인 요시노병원은 1913년에 개업해 2대 원장이 1957년에 뒤를 이었다. 고도 성장기에 주변이 공업 지대가 돼 거주자가 크게 늘면서 2대 원장은 외과, 뇌신경외과, 내과, 정형외과, 순환기내과, 산부인과로 진료과를 넓혔고 병상 수도 20개에서 161개로 늘려 종합병원으로 전환했다.

그러나 1997년에 취임한 3대 원장은 재활로 병원 운영 방향을 새롭게 바꿨다.

산업구조가 전환되면서 주변 지역의 고령화 문제가 급속히 진행됐기 때문이다.

3대 원장은 운영 방향을 바꾸면서 이 병원에 요구되는 역할은 대형 병원의 후방을 지원하는 것이며, 응급 치료를 마친 고령자들을 일상생활로 되돌려놓는 일이라고 규정했다.

그 배경에는 "서양의 병원과 비교해 재활 부문이 뒤떨어져 있는데, 머지않아 그 중요성이 높아질 것이다"라는 시장 환경 변화에 대한 원장의 선견지명도 있었다. 이렇게 고령자가 집으로 돌아갈 수 있도록 도와주는 재활 시설과 전문 직원을 충원해갔다.

현재는 물리치료실, 작업치료실, 언어치료실 등을 마련하는 한편 폐렴 예방이나 식욕 증진을 위해 치위생사가 실시하는 구강 관리에도 힘을 쏟는다. 재활 전문 인력은 약 60명이다. 이 병원은 각자 다양한 기술을 습득한 직원들 덕분에 회복기 재활 병동의 재택 복귀율이 85%가 넘는다.

방문 재활치료 외에 치매 고령자 대상의 그룹홈 시설, 주택형 유료 노인홈도 설립해 고령자가 정든 지역에서 안심하고 살 수 있도록 사업을 전개한다. 이런 노력이 좋은 평가를 얻어 최근에는 지역 포괄 케어의 선두에 선 병원으로 전국에서 연일 병원 탐방을 올 정도다.

이 병원은 시대의 흐름 속에서 항상 지역 주민의 요구가 무엇인지 파악해 작은 진료소를 종합병원으로, 다시 재활에 특화된 병원으로 업태를 바꿨다. 자신들이 하고 싶은 일과 이제까지 해 온 일을 계속하는 대신에 우선 지역 주민이 있어야 병원이 있다는 것을 전제로 삼았다. 이런 제약을 기점으로 서비스의 내용과 제공 방법을 변화시켰다.

지금까지 많은 회사들이 업무를 개선해 생산성을 높였다. 이 방법의 중요성은 말할 것도 없지만, 거기에 더해 이 병원에서는 일부러 잠재적인 손님이 되는 지역 주민의 요구에 서비스 내용을 적극적으로 맞춰 생산성을 높였다.

병원이 재활 부문을 강화하기 시작한 1990년대에는 "재활치료는 의사가 하는 일이 아니다"라는 견해를 가진 의사가 많았다. 원장은 주변의 시선을 신경 쓰지 않고 포기하지 않았다. 지역의 고령 환자들과 대화하면서 그들이 집으로 돌아갈 수 있도록 지원하는 일이야말로 지역 주민이 원하는 일이라고 확신하며 병원을 바꿔나갔다.

6단계
데이터로 평가하기

이제 드디어 마지막 단계다.

지금까지 살펴본 활용법을 머리에 새기면서 마무리해보자. 현황을 파악하고, 효율적으로 인원을 배치하고, 낭비 요소를 없애고, 손님의 요구를 이해하고, 전략을 수정했다.

이와 같이 생산성을 높이기 위해 업무 절차를 개편하기 시작했다면, 그 효과를 객관적으로 평가해야 한다.

입소문이나 손님의 만족도 등 정서적인 평가도 물론 중요하지만, 동시에 정량적으로 평가할 수 있는 방법을 찾는다면 모호함에 빠지지 않은 구체적인 논의를 할 수 있다.

포인트 ⑭
직원과 설비의 효과를 따져보라

우선 어떤 데이터로 평가할 것인지 생각하라. 제3자에 의해 엄격하게 정의되고 어디서나 사용하는 데이터라면 평가 결과를 시간대나 장소, 나아가 사업장을 넘어 비교할 수 있다. 이런 관점에서 보자면 회계 데이터가 가장 적합하다. 어느 현장에서든 얻을 수 있고, 세무서나 금융기관도 관리에 관여하기 때문이다.

업무 절차를 개편할 때 그 결과는 회계 데이터에 어떻게 나타날까? 애초에 이 개편이 기대대로 진행되는지, 올바른 방향으로 가고 있는지 일상적으로 관리해야 한다. 좋아지리라고 믿으며 애써 개선했는데, 오히려 다른 곳에서 큰 낭비를 만들어 개악이 될 수도 있다. 단기적인 목표를 달성했더라도 장기적으로는 위험을 높일 가능성도 있다.

1부에서 회계학에서 정의되는 계산식을 바탕으로 서비스업의 생산성을 '손님이 원하는 서비스를 낭비 없이 제공하는 것'이라고 정의했다. 이 정의에 따라 업무 절차 개편을 모니터링하면 진척사항은 회계 데이터에 다음과 같이 나타난다.

첫째, 생산성을 높이려 하기 때문에 먼저 노동생산성이 개선돼야한다. 노동생산성의 계산 방법은 1부와 3부에서도 소개하지만, 회사에 있는 손익계산서에서도 즉시 계산할 수 있다. 일반적으로 부가가치를 투입하는 직원 수로 나눠 계산하는데, 부가가치는 매출액에서 외부로부터 매입한 재료비 등을 빼고 계산하므로 매출총이익과 같다.

부가가치는 직원 한 사람 한 사람이 밖에서 매입한 재료 등을 이용해 처리한 업무량을 비용으로 나타낸 결과다. 노동생산성의 변화는 직원 한 사람이 업무를 얼마나 낭비 없이 효율적으로 해내는지 그 추이를 평가한다.

생산성을 높이는 업무 절차 개편에서 노동생산성이라는 지표가 오르지 않으면 의미가 없기 때문에 가장 먼저 이에 주목한다. 한편 노동투입량을 인원이 아닌 노동시간으로 계산하는 경우도 있어, 그것을 노동생산성과 구별해 인시생산성人時生産性이라고 부르기도 한다.

손익계산서에서 노동생산성을 계산하면, 그 결과가 기본적으로 1년에 한 번밖에 나오지 않는다. 매일 업무를 모니터링하려면 더 자주 계산해야 한다. 교대 근무는 손님의 움직임에 맞게 매일 편성되기 때문에 가능하면 매일 혹은 매주라도 계산하기 바란다.

부가가치를 그렇게 반복적으로 계산하는 것은 힘든 일이므로 매출액이나 손님 수 등으로 파악해도 좋을 것이다. 2부의 첫머리에서 소개한 플롯 분석이나 업무·인원 추이 그래프는 이 생산성을 본 것이다.

시간을 단축할 수 없는 이유가 일손 부족이어서 저렴하게 사람을 충원하는 것으로 해결하면 많아진 직원 수 이상으로 부가가치를 늘려야 한다. 그렇지 않으면 생산성이 떨어져 모처럼 늘린 직원을 다 활용하지 못한다. 직원을 늘릴 경우 서비스하는 데 노력과 시간을 들여 손님을 만족시키고, 그 결과로 손님 수나 객단가가 증가하면 노동생산성을 높일 수 있다.

그런데 생산성을 높이는 것을 업무 개선만으로 이루려 하면 머지 않아 한계가 온다. 매일의 업무 방법에 크게 영향을 주는 것이 현장의 구조와 설비의 종류다. 그래서 업무 절차를 개편하려고 할 때는 설비 투자를 결단해야 한다. 인구 감소가 두드러지는 현대 사회에서는 손님 수가 줄어들어 어느 현장에 가더라도 사용하지 않는 시설이나 설비가 있다.

이는 설비 투자가 제대로 되지 않았음을 여실히 보여준다. 설비 투자의 효과도 생산성을 높인다는 관점에서 재검토해야 한다. 먼저 설비 투자로 노동생산성이 올라갈지 제대로 계산해야 한다. 지금까지는 이런 관점 없이 시설이 낡았기 때문이라는 식의 이유나 그저 매출을 올리기 위해 도박을 하는 식으로 의사 결정을 했지만 이런 일을 피해야 한다.

'손님이 원하는 서비스를 낭비 없이 제공하는 것'이라는 생산성의 정의에 따르면, 설비 투자로 생산성이 높아질 경우 결과적으로 매출도 늘어날 것이다. 설비 투자를 결단할 때 관리해야 할 지표는 노동생산성과 함께 총자산회전율이다.

<도표 23> 생산성을 평가하는 세 가지 지표

[1단계]

$$노동생산성 \quad = \quad \frac{매출액 - 외부\ 매입액}{총직원수}$$

[2단계]

$$총자산회전율 \quad = \quad \frac{매출액}{총자산}$$

[3단계]

$$총자산이익률 \quad = \quad \frac{당기순이익}{총자산}$$

🎙️ 총자산이익률은 가진 자산을 어느 정도 이익으로 바꿀 수 있는지를 나타내는 기업 경영의 기본이 되는 지표다.

총자산회전율은 매출액을 대차대조표의 총자산액으로 나눠 계산한다. 설비 투자로 회사의 총자산이 증가하는데, 생산성을 높이는 것뿐 아니라 손님의 만족도가 높아지는 올바른 방향으로 연결돼 있는지를 이것으로 평가한다.

사실 노동생산성 계산 결과에서 손님의 만족도에 끼친 영향은 알 수 없다. 따라서 생산성과 더불어 업무 절차의 개편이 올바른 방향으로 가고 있는지 제대로 평가하기 위해 총자산회전율이 필요하다. 업무 절차를 개편하는 방향성은 노동생산성과 총자산회전율이라는 두 지표로 평가한다.

그리고 마지막으로 사용하는 것이 총자산이익률ROA이다. 이 지표는 당기순이익을 총자산액으로 나눠 계산한다. 총자산회전율이 설비 투자의 매출에 대한 효과를 보는 데 반해 총자산이익률은 이익에 대한 효과를 본다. 매출을 늘리는 것만으로는 안 되고, 늘린 총자산 이상으로 이익도 늘어나지 않으면 설비 투자를 하는 의미가 없다.

이와 같이 서비스의 품질이나 손님의 만족도, 회사의 장기적인 성장을 고려해서 업무 절차를 개편하고 설비 투자에 따른 생산성을 높임으로써 이 책의 목적인 시간 단축도 실현하고자 할 때 노동생산성, 총자산회전율, 총자산이익률이라는 세 가지 지표가 현장의 실태를 잘 반영한다.

인시생산성을 4배로 끌어올린 비결

8채의 료칸을 운영하는 한 그룹은 개편을 진행할 때 노동생산성 중 하나인 인시생산성 지표를 활용했다. 1630년에 창업한 오래된 그룹의 개편을 추진한 이는 15대 고문이었다.

경제가 침체된 후 이 그룹은 시장의 흐름을 따라가는 데 실패하며 몹시 어려움을 겪었다. 경영이 악화되고 은행에서 자금을 조달하지 못해 고민하던 15대 고문은 생산성을 개편하기로 결정했다. 1987년경의 일이다.

그가 주목한 것은 직원 한 사람이 노동 1시간당 매출총이익을 얼마나 올리는지 계산하는 인시생산성이었다. 하지만 이 지표를 실제로 계산하려고 하자 많은 문제에 맞닥뜨렸다. 우선 투입하는 총노동시간이 문제였다. 숙박업에서는 성수기 때 과도하게 일하고, 비수기 때는 휴가를 가기 때문에 노동시간을 엄격하게 관리하는 습관이 없었다. 지금은 당연한 일이지만, 15대 고문은 우선 노동시간을 1분 단위로 정확하게 파악했다. 그 결과 모호하게 처리했던 초과근무비가 적나라하게 드러나 모든 직원에게 초과근무비를 지급했다.

또 매입액조차 정확하게 파악하기가 쉽지 않았다. 료칸에서는 매일 매입이 일어나지만 전표가 갖춰지는 것은 훨씬 뒤였기 때문이다. 전표 내용도 도매처에 따라 달랐고, 관리부서가 숫자로 매입 상황을 이해하는 것은 그리 쉬운 일이 아니었다. 그래서 그날 필요한 것은 그날 구입하는 방침으로 재고가 생기지 않게 해 전표와 재고를 일치하게 만들었다.

처음에는 인시생산성 계산을 10일마다 월 3회로 실시했지만, 10일 단위로는 주말의 일수가 영향을 줘 데이터가 불균형해졌다. 그래서 계산을 일주일 단위로 바꾸고 매입이나 총노동시간은 일별로 관리했다. 2년에 걸쳐 마침내 인시생산성을 정확히 계산하게 됐는데, 그때의 인시생산성은 약 1,400엔(약 1만 4,000원)이었다. 시간당 내는 매출총이익이 1,400엔에 그친다는 뜻이었다.

여기서 인건비를 포함한 필요비용을 지출하면 전혀 이익이 남지 않는다. 매출총이익에서 차지하는 인건비의 비율을 노동분배율이라고 한다. 일반적인 료칸은 노동분배율이 40% 정도이므로 이 료칸에서 일하는 직원의 시간당 평균 급여는 560엔(약 5,600원)이 된다. 그때 기준으로도 낮은 수준이었다. 15대 고문은 당시 소매업의 평균적인 인시생산성의 절반에 해당하며, 기존 비용 대비 약 2배인 3,000엔(약 3만 원)을 우선 목표로 삼고 현장을 개편해나갔다.

인시생산성을 2배로 올리려면, 매출총이익을 2배로 하거나 총노동시간을 반으로 줄여야 한다. 식재료 등의 매입을 줄이는 데는 한계가 있으며, 지나치게 줄이면 음식의 품질이 떨어져 손님에게 불만이 나온다. 또한 료칸은 대개 객실 수에 비례해서 매출이 오른다고 생각하지만, 당시 이 업체에는 객실을 늘릴 설비 투자 자금 여유가 없었기에 결국 매출을 늘리는 것도 불가능했다.

15대 고문은 총노동시간을 절반으로 줄이는 선택지뿐임을 깨달았다. 결국 둘이서 하던 일을 혼자 하도록 하는 것이다. 15대 고문은 현장의 모든 업무 방법을 재검토해 업무를 일일이 줄이고 효율화시켜서 10분, 15분 단위로 노동시간을 단축했다. 처음에는 성과가 있었지만 점차 효과가 나오지 않아 직원들도 의욕을 잃어갔다.

15대 고문은 서비스의 내용을 근본적으로 재조합하기로 했다. 아울러 사업 전략을 재정비해 편안하게 묵을 수 있는 온천 료칸이라는 콘셉트로 숙박료를 1만 엔 (약 10만 원) 미만으로 내렸다.

이 콘셉트에 따라서 모든 업무를 필요한 것과 필요하지 않은 것으로 분리해 낭비를 현장에서 줄여나갔다. 다만 서비스를 제공하는 방법을 변경할 경우 서비스의 내용과 품질에 바로 영향을 끼친다. 그래서 무언가 새로운 일을 할 때마다 2주간 경과를 지켜보고, 손님에게 결정적인 클레임이 없으면 그 작업을 계속하는 방법으로 진행했다.

가장 먼저 실시한 개편은 손님의 신발 관리 방법을 바꾸는 일이었다. 그때까지는 현관에 있던 신발 관리 담당이 체크아웃이 집중되는 아침에 신발장에서 한꺼번에 신발을 꺼내 현관에 늘어놨는데, 이로 인해 신발이 뒤바뀌기도 했다. 그래서 열쇠가 달린 신발장에 손님이 스스로 수납하는 방식으로 바꿨다. 체크인 후에 방으로 안내하는 일도 중단했다.

또한 방으로 식사를 제공하는 대신 연회장을 레스토랑으로 바꿔 그곳에서 먹을 수 있게 했다. 한때는 뷔페식도 도입했지만, 결과적으로는 총노동시간이 줄지 않았기에 그보다 맛있는 상태로 식사를 제공할 수 있도록 직원이 각 테이블에 요리를 서빙하는 방법으로 되돌렸다.

일반적인 료칸에서는 지금도 식사시간대에 직원이 이불을 깔지만, 여기서는 이 일도 하지 않는다. 손님이 스스로 쉽게 이불을 깔 수 있도록 시트를 씌운 상태에서 벽장에 넣어두고 끌어내기만 하면 되게끔 했다.

"정말 이래도 되는 것일까?"라고 고민했지만 클레임은 한 건도 없었고, 직원이 방에 들어오지 않아서 편하고 좋다는 손님이 나올 정도였다. 방의 냉장고에서 음료를 판매하는 것도 멈추고, 자동판매기를 설치해 시중과 같은 가격으로 판매했다.

업무의 표준화나 단순화와 함께 직원들의 멀티태스킹도 진행했다. 두 가지 일을 한 사람이 동시에 할 수 있도록 현장 구조를 변경하고, 숙박 예약 수에 맞춰 직원이 여러 시설을 넘나들며 교대 근무를 할 수 있게 했다. 이런 노력의 결과, 인시생산성은 20년 동안 약 4배인 5,000엔(약 5만 원)에 이르렀다. 직원들의 소득수준도 50%나 끌어올릴 수 있었다.

이 료칸의 개편은 인시생산성을 계산하고 그것을 항상 확인하는 일로 진행됐다. 수치를 확인해서 잘못하고 있던 일을 없애고 손님이 원하는 서비스에 집중했다.

3부

결국 어떤 가게와 회사가
살아남을까?

────── 지금까지 생산성을 높여 시간을 단축하기 위한 다양한 방법과 사례를 살펴봤습니다. 마지막으로 서비스업의 생산성이 앞으로 어떻게 바뀔지, 이에 따라 사업장의 생산 활동과 직원의 노동 방식, 그리고 우리의 생활에 어떤 영향을 줄지 생각해보고 싶은데요.

그 전에 다시 한 번 말하지만, 애초에 생산성이란 무엇인지 명확하게 정의해보겠습니다. 최근에 생산성에 대해 바르게 이해하는 사람이 별로 없다는 것을 절실히 느끼고 있기 때문입니다.

더 나은 미래는 그 이해에서 시작됩니다. 저는 원래 자연과학 분야를 전문으로 해 왔기 때문에 용어를 제대로 정의하지 않으면 논의만 복잡해질 뿐 결론을 도출할 수 없다고 생각합니다. 그래서 논의의 핵심인 노동생산성을 정의할 때, 회계학의 '노동생산성=부가가치÷노동투입량'이라는 개념을 사용합니다.

그렇다면 부가가치란 무엇일까요? 일상적인 대화에서 부가가치라고 하면 사람에 따라 쓰는 의미가 제각각인데, 그저 감으로 호화스러움이나 고단가라는 의미로 사용하는 경우도 있습니다. 회계학에서는 매출액에서 외부 매입액을 뺀 것이 부가가치입니다. 대략적으로 말하자면 인건비, 감가상각비, 영업이익의 합계와 같습니다.

'노동생산성=(매출액-외부 매입액)÷노동투입량'이라는 계산식이 됩니다. 제가 만든 단어인데, 매출액이 늘어나는 것을 중시하는 분자파와 노동투입량을 줄이는 것에 주목하는 분모파로 나뉘어 생산성에 대한 논의가 이뤄지는 경우가 종종 있다는 이야기는 이미 앞서 언급했습니다.

—— 원가 절감으로 생산성을 높이려는 분모파는 소극적이고, 매출액 증가로 생산성을 높이려는 분자파는 적극적이라고 해석해도 되나요?

아니요. 그렇게 단순한 이야기는 아닙니다. 확실히 분자파의 주장처럼 매출이 늘어나면 생산성이 높아지는 것은 당연합니다. 분자파는 분모파의 접근법을 매출이 줄어들 수도 있는 축소 균형의 노선이라고 비판합니다. 노동력을 줄이면 겉으로 보기에는 생산성이 올라가지만, 사업 자체도 함께 축소된다는 주장이죠.

현장 실무자 중에는 이런 생각을 하는 사람이 많은 게 사실이죠. 경영자 역시 매출을 늘리는 편을 긍정적으로 받아들이기 때문에 이에 편승하기 쉽습니다. 현장의 업무 절차를 개편하거나 직원에게 근무 방식을 바꾸게 할 필요도 없기 때문에 이 접근법은 얼핏 이해하기도 쉽고 개편을 해나가기가 편한 것처럼 보입니다.

하지만 이 방법을 추천하는 사람들에게 과연 어떻게 매출을 늘릴지 방법을 물어보면 구체적인 대답이 쉽게 돌아오지 않습니다. 매출을 간단히 늘릴 수 있다면 그 누구도 고생하지 않을 것입니다. 일반적으로 매출을 늘리려면 영업, 광고, 신상품 개발, 설비 투자 등에 먼저 돈을 써야 하죠. 게다가 경쟁사로부터 점유율을 빼앗으려고 한다면 저가격 경쟁에 빠질 가능성도 큽니다. 이런 과제를 사전에 해결할 수 없다면 간단하게 매출을 늘리자고 주장하는 것은 당연히 위험한 일이겠죠.

저는 분모파로 보이는 경우가 많아서 축소 균형 노선이라는 비판을 종종 받습니다. 하지만 제가 정말 말하고자 하는 것은 생산성을 따질 때 분자와 분모 모두 관계가 없다는 것입니다. 생산성을 높인다는 관점에서 보면, 반드시 비용을 절감하기만 하는 것은 아닙니다. 업무 절차를 재검토할 때는 오히려 늘려야 하는 비용도 당연히 나옵니다.

생산성이란 분자인 부가가치를 분모인 노동투입량으로 나눈 계산 결과에 불과하며 이 수치가 커지면 생산성이 높아지는 것이고, 작아지면 생산성이 낮아지는 것일 뿐입니다. 생산성을 높이려 할 때 필요한 것은 생산성을 '손님이 원하는 서비스를 낭비 없이 제공하는 것'이라고 정의했듯이, 낭비를 줄이면서 투입하는 자원을 효율적으로 활용하는 것입니다. 그것이 결과적으로 매출을 늘리는 상품이나 서비스를 제공하는 일이 됩니다.

각각의 변수인 분자와 분모를 동시에 조절해서 생산성을 높여가는 것이 중요하며, 분자파와 분모파로 나눠 벌이는 싸움은 전혀 가치를 만들지 못하는 소모적인 행동입니다. 당장 멈춰야 해요.

—— 현장에서는 특히 낭비를 줄이는 데만 정신이 팔려 있는 듯 보입니다.

한 회사를 방문했을 때가 생각나네요. 경영진 중 한 명이 "우리 회사는 낭비를 없애는 자세가 현장에 깊이 스며들어 있습니다"라며 기뻐하기에 "낭비를 어떻게 정의하는지 직원들과 제대로 공유하는 게 좋습니다"라고 이야기한 적이 있습니다. 낭비가 아닌 비용은 늘려야 할 때도 있기 때문에 무엇이 낭비고, 무엇이 낭비가 아닌지 명확히 해야 합니다.

어느 물류창고에서는 리프트 기계를 사용해서 제품을 한꺼번에 운반했습니다. 한 번에 운반하는 양이 많으면 운반하는 횟수가 줄어들어 굉장히 효율적인 것처럼 느껴집니다. 그러나 하루에 운반 양이 정해져 있기 때문에 양이 모일 때까지 담당자가 대기하게 돼 결과적으로 작업과 작업 사이에 손을 놓고 있는 시간이 많아졌습니다.

게다가 이어지는 공정과 작업 타이밍이 맞지 않으면 다음 작업장 근처에 제품을 보관해야 하며, 근처라고 해도 놓아둔 장소에서 다시 꺼내야 합니다. 적은 횟수로 옮길 생각만 하지 말고, 필요할 때 어떻게 실시간으로 옮길지, 나아가 운반하지 않아도 되는 방법은 뭔지 생각해야 합니다.

역발상으로 운반 횟수를 늘리는 대신 적은 양을 자주 운반해서 전후 작업 사이의 타이밍을 맞추면 임시 보관하거나 그곳에서 재운반하는 작업을 통째로 줄일 수 있을 것입니다.

한꺼번에 작업하는 것이 효율적이며 낭비가 적을 거라는 생각은 큰 착각입니다. 오히려 한꺼번에 작업하는 일로 인해 부수적으로 불필요한 업무가 그 주변에서 많이 발생합니다. 중요한 것은 한 번에 옮길 수 있는 양을 늘리기보다 전후 공정에서 작업 타이밍에 맞춰 최소한의 공정 수로 일할 수 있도록 하는 것입니다.

인구 감소라는 지각변동에 대비하라

—— 이제 인구 감소가 본격적으로 시작되면 틀림없이 경제와 시장 환경이 크게 변할 텐데요. 그런 환경에서 서비스업 등의 산업은 어떻게 바뀔까요?

전 세계적으로 인구 증가율은 이미 떨어지기 시작해서 늦어도 2100년경에는 세계 인구가 제로 성장이 되고, 이후 인구 감소로 돌아서기 시작한다고 합니다.

인류가 탄생하고 700만 년이 지난 지금까지 일관되게 인구가 증가해 온 시대가 끝난 것입니다. 지금까지는 인류가 물자 부족과 굶주림을 두려워하는 시대였지만, 앞으로는 인구 감소에 따른 물자 과잉 시대에 돌입합니다. 만들면 팔리는 대량 생산 시대는 끝났다고 봐야겠죠.

━━━ 와, 인류사까지 거슬러 올라가나요.

왜 세계적으로 인구가 줄어드는지 제 나름대로 가설을 세웠으니 조금만 참고 들어주세요. 인류가 탄생했을 무렵, 다른 생물과 마찬가지로 인류도 혈연으로 그룹을 만들어 소규모로 행동하면서 생명 유지에 필요한 식량을 확보했습니다. 그러나 어느 때부터 다른 생물과 달리 인간은 혈연을 뛰어넘어 협력하게 됐죠. 아마 종교적 개념을 얻게 돼 그것으로 유사 가족을 만들어 협력이 가능해졌는지도 모릅니다.

그 결과 우리 선조들은 집단을 이루고 농업으로 식량을 생산했습니다. 도시국가로 발전해 사회적으로 분업하며 협력 관계를 발전시켰죠. 그것이 육지가 이어진 제국으로 확대돼 멀리 떨어진 외국에 식민지가 생겼고요.

이와 같이 혈연을 초월한 협력관계를 기초로, 인류는 긴 시간을 들여 굶주림을 극복했습니다. 인류는 기아뿐 아니라 역병과도 싸였습니다. 기아와 역병을 극복한 것이 아마도 18세기 말경이며, 이 때 세계에서 인구 폭발이 일어납니다.

⸻ 지구상에서 인구 증가의 막이 열렸군요. 그러나 그것이 인구 감소로 전환되고 있고요.

인구 감소가 과연 일시적인 현상일까요? 이것을 먼저 생각해야 합니다. 일시적인 현상이라면 신경 쓸 필요가 없지만, 큰 흐름이 된다면 결국 우리 생활뿐 아니라 모든 산업 활동에 큰 영향을 끼칩니다.

원래 인구의 증가는 수명이 연장되고 유아 사망률이 낮아짐으로써 진행됩니다. 진화론으로 유명한 찰스 다윈은 저서 《종의 기원》에서 유아 사망률이 낮은 생물은 산란 수나 산아 수가 적다는 것을 지적하는데, 이에 따르면 경제 발전으로 유아 사망률이 떨어지는 것은 출산율이 낮아지는 결과를 불러옵니다.

마찬가지로 세계 인구 통계 데이터에서 평균 수명과 출생률의 관계를 비교하면 명확하게 반비례 관계인 것을 볼 수 있습니다. 이는 수명이 길어질수록 출생률이 기본적으로 내려가는 것을 의미합니다. 개인에게 대입해본다면, 오래 살수록 아마 노후생활을 걱정할 것입니다. 저축을 늘리기 위해 무의식중에 출산과 육아를 피하려고 할지도 모르겠네요.

인류가 수명 연장과 유아 사망률 저하라는 행보와 반대되는 선택을 할 리는 없기 때문에 앞으로도 인구가 지속적으로 감소하는 현실은 피할 수 없습니다. 인구 증가 시대의 문제는 물자 부족이므로 물자를 가진 측이 강자고, 그것을 원하는 손님은 인내를 강요당합니다. 물자 부족의 시대에는 요구가 명확하고, 만들면 기본적으로 팔리며, 판매자는 물품의 범위를 좁혀 표준화해서 대량 생산합니다. 또한 경제는 인플레이션으로 시간과 함께 가격이 오르기 때문에 필시 생산과 소비의 시간차로 이익을 올려왔습니다.

그러나 갑자기 인구가 감소되면 이 톱니바퀴가 틀어지기 시작합니다. 최근에 요구의 다양화라는 말이 종종 들리는데, 정말로 요구가 다양화되는 것일까요? 예를 들어 좋아하는 국수의 종류가 최근 10년 동안 늘어났나요?

—— 저는 예전부터 쭉 좋아하는 게 같아요.

그렇죠? 사람들은 좋아하는 것이 크게 바뀌지 않습니다. 다양한 가게가 생겨나지만, 이것은 결국 공급 과잉 상황을 만들었고 손님은 원래 가지고 있던 취향과 요구에 맞춰주는 국수 가게로 가고 있는 것뿐인지도 몰라요.

손님들이 선택지를 놓고 가게를 고르기 시작한 것입니다. 원하는 게 없으면 손님은 다른 가게로 갑니다. 결국 손님이 원하지 않는 물건을 아무리 만들어봤자 팔릴 리가 없습니다. 자신이 먹고 싶은 음식을 제공하는 가게에 손님이 몰리기 때문에 손님을 계속 붙잡아

두기 위해 가게는 힘들어도 국수의 식감을 바꾸거나 재료 토핑을 늘리는 등 개별적인 요구에 조금이라도 대응하려고 합니다. 이런 점에서 마치 손님의 요구가 다양해진 것처럼 느끼고 있을 뿐인지도 모릅니다.

이제 산업은 지금 막 시작된 인구 감소라는 변하지 않을 큰 흐름을 타고, 조금이라도 더 손님에게 선택을 받도록 손님의 요구에 부응하는 다품종 소량 생산 체제가 될 수밖에 없습니다. 상품과 서비스가 다품종이 되면 이제껏 해 온 대량 생산 방법으로는 대처하기 힘듭니다. 제조업을 포함한 산업계는 다품종 소량형의 생산성 향상 모델을 만들어야 합니다.

규모의 경쟁에서 품질의 경쟁으로

——— **노동자에게 이 변화는 어떤 영향을 줄까요?**

혈연을 뛰어넘어 협력하는 것이 인간 고유의 특징이라고 앞서 언급했지만, 생명과 인공물의 차이점으로 생명에는 '자율성'이 있습니다. 자율성이란 스스로 결정하는 것으로, 인류는 지금까지 프랑스혁명이나 미국 헌법, 식민지 해방 등을 통해 이를 실현해 왔습니다.

게다가 인터넷이 세계적으로 보급되면서 사람마다 가진 정보의 격차가 없어졌습니다. 과거에는 교육을 받을 기회가 한정됐지만, 지금은 그것마저 없어지고 있어 인류는 자율성을 더욱 강하게 지니게 됐죠.

선진국의 인구 감소로 많은 기업이 성장 시장으로 몰려가고 있습니다. 거세지는 시장 경쟁에서 살아남기 위해 기업은 전 세계의 우수한 노동력을 긁어모으려고 합니다. 결과적으로 개발도상국 노동자의 임금이 오르고, 기업은 저임금 노동자를 찾아 제조 거점을 옮기기 때문에 그 이전한 곳에서도 임금이 오릅니다. 과거에는 중국, 그 후로 베트남, 미얀마, 지금은 아프리카가 제조 거점으로 주목받고 있어 그 움직임은 점점 빨라지는 것처럼 보입니다.

선진국을 중심으로 격차의 확대가 큰 사회문제가 되고 있는데, 이는 기업 총수의 수입이 점점 오르기 때문입니다. 한편 예전에 저임금 노동이었던 국가의 임금이 오름으로써 이로 인해 선진국 일반 노동자의 일자리를 다른 저임금 국가 노동자에 빼앗겨 임금이 낮아지고, 선진국 안에서의 격차는 벌어져 있어도 국가를 초월한 일반 노동자의 임금 격차는 확연히 축소돼 그 흐름은 멈추지 않을 듯합니다.

저임금으로 생산해서 비싸게 팔아 효율적으로 이익을 올리겠다는 기존의 경영 모델은 더 이상 통하지 않습니다. 세계 어디를 가도 인건비가 비슷한 수준이 되면 저임금 노동자를 전제로 이익을 내는 일이 기본적으로 어려워집니다.

장기적으로 봤을 때 전 세계는 인구 감소로 인한 공급 과잉 상태가 될 것입니다. 어떤 국가의 기업이든 살아남기 위해 철저히 생산성을 높이려 하겠죠. 그러면 낭비 없는 생산 방법으로 쓸데없는 인건비나 원재료비가 절감됩니다. 원재료 가격의 대부분이 국제적인 상황으로 정해지는 것을 생각하면 생산성 향상에 따른 비용 절감 효과는 옅어질 것입니다.

이에 따라 생산성을 높이려는 각 기업의 대처가 극한에 가까워졌을 때 입지의 제약을 제외하면 제품이나 서비스를 어디서 생산하든 생산 비용의 내역은 같아집니다. 그때 생산성을 높이려는 기업의 대처가 어디로 향하는지를 다시금 생각해야 합니다.

——— 기업에는 가혹한 시대가 오는군요.

가혹하다기보다는 경영의 본질로 향할 수밖에 없게 되는 거죠. 비용 경쟁력을 강화하려 해도 현실적으로 노동투입량을 줄이는 데는 한계가 있습니다. 공급 과잉에 의한 경쟁 심화로 매출액을 크게 늘리는 것도 어려워집니다. 따라서 앞으로 생산성을 높이기 위해서는 자연스럽게, 손님의 요구에 더욱 치밀히 대응하는 운영에 관심이 쏠릴 것입니다.

ISO 9000(국제 표준화 기구가 정한 품질 모델_옮긴이)이 정한 품질의 정의인 '요구사항을 만족시키는 정도'에 따른다면, 앞으로는 규모의 경쟁에서 품질의 경쟁으로 옮겨간다는 의미에서 소비자에게는 희소식이 되겠네요.

━━━ 품질의 경쟁이라…. 고품질을 목표로 하다 보면, 손님 개개인의 요구에 모두 대응하는 수준에 이르는 건가요?

그것도 자주 나오는 논의지만 극단적인 주장은 논의를 무의미하게 합니다. 손님은 국수 가게에 가서 초밥을 내놓으라고 하지 않으며 내놓을 필요도 없습니다. 중요한 것은 생산성 향상에 착수해 손님에게 제대로 개별 대응을 할 수 있도록 궁리하는 것입니다.

회전초밥 가게에서는 손님이 많으면 흐름을 보면서 레일에 초밥을 내보냅니다. 한가한 시간대가 되면 레일에 내보내는 초밥의 양을 줄이고 손님의 주문에 직접 대응해 개별적으로 초밥을 만듭니다. 손님의 요구에 부응하기 위해 다양한 종류의 초밥을 자꾸 내보내도 손님이 많으면 손실이 제한됩니다.

그러나 손님 수가 적은 시간대라 해도 어느 정도의 직원 수를 배치해야 합니다. 따라서 손님의 주문에 개별적으로 대응해도 손님을 기다리게 하는 일이 없고, 손실도 최소한으로 억제할 수 있습니다. 회전초밥 가게에서는 흔히 볼 수 있는 광경이지만, 이런 움직임을 모든 서비스 현장에서 의식적으로 할 필요가 있습니다.

━━━ 그렇군요. 하지만 인구 감소의 충격을 깨닫지 못하는 사람도 많을 수 있어요.

이 움직임은 매우 천천히 흐릅니다. 매년 조금씩 변화가 일어나기 때문에 많은 사람들이 깨닫지 못할지도 모릅니다. 아니면 거품 경제의 붕괴나 리먼 쇼크처럼 인구 감소가 머지않아 끝나리라고 생각하는지도 모르겠네요. 그러나 계속 말해 왔듯이 인구 감소라는 세계적인 움직임을 쉽게 막을 수는 없으며, 이로 인해 일어나는 공급 과잉도 계속될 것이라고 봅니다.

이 움직임이 앞으로도 오래 계속될까요, 아니면 머지않아 반전이 있을까요? 어느 쪽이라고 생각하는지 알려면 매출이 앞으로 어떻게 될지를 물어보면 됩니다.

매출이 머지않아 늘어날 거라고 대답하는 경영자는 이를 위해 영업 등의 부분에서 노력할 겁니다. 한편 매출은 더 이상 늘지 않는다고 대답하는 경영자는 생산성 높이기에 들어갈 겁니다. 그것이 잘되면 결과적으로 품질이나 손님의 만족도를 끌어올려 손님 수를 늘리고, 소비 단가가 올라 매출도 오릅니다. 이 두 가지 접근법의 차이는 '매출의 증가가 목적인가, 아니면 결과인가'와 같은 것입니다.

생존 비법이 담긴 '전술'

—— 생산성이 높아진 결과로 매출이 늘어난다! 그 순서가 중요하군요. 매출을 늘리는 데는 익숙해져 있어도 생산성을 높이는 것에는 아직 익숙하지 않은 경영자가 많을 거예요.

저는 현장 실무자로서 전략보다 전술이 중요하다고 조언합니다. 이상하게도 경영자들은 전략을 좋아하는 사람이 많아요. 하지만 어떤 훌륭한 전략이 있어도 그것을 실현하는 방법론으로 전술을 갖고 있지 않으면 전략은 실현되지 않습니다.

저는 크고 과장된 전략을 갖는 것을 부정하지는 않습니다. 고매한 경영이념을 만들어도 물론 상관없습니다. 다만 목적을 실현하는 전술을 만드는 데 더 많은 시간을 투자해야 한다는 말입니다. 그 상징이 바로 도요타 생산 방식입니다.

전술과 그것을 지탱하는 생산 기술의 툴 덩어리죠. 기본은 손님이 요구하는 속도로 자동차를 만드는 일입니다. 도요타는 이를 실현하기 위해 저스트 인 타임, 칸반 방식(필요할 때 필요한 부품만 확보하는 방식_옮긴이), 작업 실수 방지 시스템, 안돈 방식Andon(현장의 작업자가 품질에 문제가 있다고 여겨지면 라인을 중지하는 것_옮긴이)이라는 툴을 현장에서 개발했습니다.

이렇게 회사의 전술을 명확히 할 수 있다면 현장에서 근무하는 직원들도 어떤 방법으로 일해야 하는지, 낭비를 줄이려면 어떻게 해야 하는지 등을 더 생각하게 됩니다. 그러면 정해진 일을 제대로 할 뿐 아니라 낭비를 줄이는 작업 개선이 현장 수준에서 진행돼 생산성도 높아집니다. 현장은 막연하게 생각하라는 말만 한다고 해서 움직이지 않습니다.

—— 어떻게 하면 전술을 세울 수 있을지 구체적으로 알려주세요.

어떤 곳이라도 바꿀 수 있는 것과 바꿀 수 없는 것이 있습니다. 바꿀 수 없는 것은 아무리 고민해도 어쩔 수 없기 때문에 그대로 받아들이고, 조절할 수 있는 곳에 경영 자원을 집중한다는 발상이 중요합니다.

2부의 성공사례에서도 소개한 온천 료칸의 경우(166쪽 참고) 지은 지 오래돼 객실의 배치가 제각각이라 여행사에서는 숙박 계획을 짜기 어려운 곳으로 여겼습니다. 주변 경쟁 업체들은 시설을 확장했지만 이 료칸은 입지 등의 제약 때문에 시설을 대형화하지 않았습니다. 오히려 이 제약을 긍정적으로 받아들여 여행사 경유 예약을 중단하고 인터넷을 활용해 적은 인원의 개인 손님을 대상으로 하는 서비스에 힘을 쏟았습니다.

최근 투숙객의 중심이 단체에서 개인으로 옮겨가면서, 사람들은 같은 방이 많은 대형 시설은 별로 선호하지 않습니다. 여러 형태의 방이 있는 이 료칸은 기호에 맞는 방을 선택할 수 있다는 것이 오히려 강점이 됐습니다. 제약을 기점으로 회사의 전술을 명확하게 하자 무엇에 투자해야 하는지도 분명해졌습니다.

취해야 할 수단은 '하고 싶은 일', '할 수 있는 일', '해야 하는 일' 중에 반드시 있습니다. 전략이나 이념은 마땅히 있어야 할 회사의 모습을 표현하기 때문에 '하고 싶은 일'이 됩니다. 한편 제약의 반대가 '할 수 있는 일'입니다. 회사를 경영할 때는 매일 여러 가지 할 일이 있지만 그중에서도 반드시 '해야 하는 일'도 많이 있습니다.

이처럼 현장을 보면 '전략 → 전술 → 실행'이라고 하는 지금까지의 일반적인 흐름이 아니라, 오히려 그 반대로 '해야 할 일'을 어떻게든 제대로 해내고, 그중에 선택지가 있다면 '할 수 있는 일'을 우선적으로 하고, 마지막에 '하고 싶은 일'을 하는 의사결정의 흐름이 현실적으로 목표를 이룰 수 있게 해줍니다.

이 료칸도 직원들에게 급여를 계속 지급하기 위해 운영을 쉴 수 없었을 것입니다. 그런 가운데 단체 손님에서 개인 손님으로 타깃을 옮기는 선택을 하고, 오래된 목조 건물에서 조용히 지낼 수 있는 서비스로 범위를 좁힌 것입니다. 그래서 다른 곳에는 없는 특색 있는 인기 료칸이 됐습니다.

현장은 계속 좋아지거나 계속 나빠진다

—— 전술을 연속적으로 써가며 생산성을 높일 수 있겠네요. 듣다 보니 전술 중에 의욕이라는 요소를 넣고 싶어지는데, 의욕이라는 말을 좋아하지 않으시죠?

오해받을 수 있는 말이긴 하지만, 사람이 가장 귀찮은 존재죠. 불평도 하고 마음대로 쉬기도 하니까요. 그런 인간의 의욕에 의존하면 현장 운영이 불확실해집니다. 직원의 의욕이 과다해서 정해진 방침과 다른 근무 방식으로 일했을 때 그것을 허락해야 할까요, 아니면 허락하지 말아야 할까요?

매우 어려운 판단이 되겠지만 보통은 허락하지 않습니다. 의욕 이전에 회사의 방침이 있고, 이를 명확하게 하는 것이 의욕 이상으로 중요하기 때문입니다.

1부에서도 이야기했습니다만 의욕의 근원은 무엇일까요? 의욕을 북돋는 것은 경영자일까요? 직원들에게 어떨 때 기쁘고 보람을 느꼈는지 물었을 때 대답은 100% 같았습니다.

당연한 말이지만 손님이 기뻐하고 칭찬하며 감사하는 마음으로 재방문해줄 때 의욕을 느꼈습니다. 손님은 자신의 요구에 제대로 응대해줄 때 만족하며, 이런 손님의 만족이 직원에게 전해질 때 직원의 의욕이 생깁니다. 직원의 의욕을 북돋는 것은 회사가 아니라 바로 손님입니다. 손님의 만족이 직원에게 전달되면 직원은 보람을 느끼고 손님이 더욱 기뻐하도록 스스로 궁리하면서 일하게 됩니다.

현실적으로 손님의 요구는 다양하고 행동도 변덕스러워서 회사가 세세하게 지시를 내리지 못합니다. 직원이 제대로 일하기 위해서 최근 이 의욕을 중시하게 됐다고 생각합니다. 그러나 반대로 말하면 회사는 손님 대응을 현장 직원에게만 전부 맡기는 것이기도 합니다.

저는 경영의 세계에서 의욕이라는 말을 안일하게 사용하는 것을 싫어할 뿐이며, 의욕의 중요성을 결코 부정하지는 않습니다. 오히려 회사의 전술상 의욕을 높이고 미처 예상하지 못한 문제나 사고를 개선할 수 있으면 의욕은 생산성을 높여줄 것입니다.

다시 호텔시라기쿠를 예로 들겠습니다. 예전에는 청소 담당이 각 객실마다 비품이나 유카타 등을 인원과 성별에 맞춰 세팅했기 때문에 그것이 정확하게 비치됐는지 다른 담당자가 다시 확인했습니다. 한편 손님 접대를 맡은 객실 담당은 같은 시간대에 연회장 준비나 저녁 식사 준비와 같은 업무에 들어가야 했습니다.

이런 업무 절차를 대담하게 재조합해서, 객실 비품 등은 기본적으로 목욕탕에 한꺼번에 두고 유카타는 객실에 손님을 안내했을 때 사이즈에 맞게 직접 건네도록 한 결과, 많은 노동력을 투입해 온 객실 세팅과 확인 작업이 큰 폭으로 간소화됐습니다.

청소 등을 담당하던 직원들에게 틈이 생겼기에 객실 담당 업무도 대신 맡을 수 있었습니다. 그 결과 객실 담당은 밖으로 나와서 더욱 극진하게 손님을 응대하는 동시에 시간이 단축돼 손님 만족도가 한층 더 올랐으며 객실 담당에게도 강한 동기 부여가 됐습니다.

—— **손님이 원하는 것과 기업이 제공하는 것이 딱 맞아떨어지면 손님과 직원 모두가 행복해지고 더 나은 서비스를 제공하려는 마음가짐이 생기는 것이군요.**

네, 그렇습니다.

═══ 고도 성장기에는 물건이나 서비스를 어쨌든 대량으로 만들어 운반하는 것이 우선됐지만, 앞으로는 인간과 인간이 만들어낸 풍족한 생활에 관심이 향할지도 몰라요. 그것을 실현하는 키워드가 생산성이라고 생각할 수 있겠네요.

동감입니다. 우리는 소비자를 오해하고 있는지도 몰라요. 어느 호텔에서 디저트로 케이크를 냈는데, 사전에 조리실에서 같은 사이즈로 잘라 담고 마지막으로 손님에게 가져갔습니다. 미리 잘라두면 케이크를 제공하는 작업이 원활해지지만, 케이크는 마를 것이고 온도 변화에 약한 재료를 케이크에 곁들일 수도 없습니다.

그래서 케이크를 미리 잘라두는 일을 중단했습니다. 함께 곁들이는 식재료를 볼에 넣어 손님에게 가지고 간 뒤 손님 앞에서 자르고 담는 방식으로 제공 방법을 바꾸자 손님의 요구에 세심하게 대응할 수 있었고, 식재료의 폐기 손실도 줄었습니다.

손님 앞에서 자르고 담는 것은 지금까지 조리실에서 하던 일과 같지만, 장소와 타이밍을 손님 가까이로 이동시켰을 뿐입니다. 게다가 이렇게 제공할 때 손님의 요구를 들을 수 있고 정보도 손님에게 가까이 할 수 있어 서비스의 품질이 확실히 올라갑니다.

분명히 홀을 담당하는 직원의 수고는 늘지만, 이로 인해 조리실에서의 업무량이 그만큼 줄어들 뿐 아니라 케이크를 임시 보관하거나 운반할 필요가 없어져 회사 전체에서는 노동투입량이 그 이상으로 줄었습니다.

이런 사례는 매우 이해하기 쉽지만, 실제로 업무 절차를 개편하려고 할 때는 더 복잡합니다. 하나의 업무 절차에 다수의 부서가 관련되고 각 부서에는 각각의 관리자도 있습니다. 업무 내용을 작게 구분해서 보면 담당자 단계에서 업무량이 늘어나기도 합니다. 담당자가 하지 못하겠다고 주장해 개편이 자주 좌절되기도 합니다. 미리 준비해둔다는 것은 다시 말해 "맛이 없어도 되죠?", "시간만 맞추면 되겠죠?"라고 이야기하는 것과 같습니다. 그런데 과연 손님이 그것을 바랄까요?

어느 료칸에서는 손님을 기다리게 하는 부담을 안고 갓 만든 요리를 내놓는 개편을 단행했습니다. 손님이 소란을 피우지 않을까 걱정했지만 의외로 손님은 기꺼이 기다려줬습니다. 현장 직원은 깜짝 놀랐죠. 슈퍼마켓의 반찬, 빵 코너에서도 손님에게 1시간 전 제품과 10분 후에 완성되는 제품 중 어느 것을 사겠느냐고 물으면 대부분이 기다린다고 답합니다. 이런 소비자의 본질을 파악하는 것이 중요합니다.

── 저라도 10분 후에 완성되는 상품을 고르겠어요.

물론 손님을 한없이 기다리게 만드는 것이 좋을 리는 없겠죠. 반대로 맛을 희생한다고 해서 좋은 것도 아닙니다. 손님에게도 사업장에도 좋은 업무 방법을 직원과 함께 생각하는 것이 중요하다는 말입니다.

현장에서 일하는 직원의 의욕을 최대로 끌어올리는 것은 손님의 기쁨이므로 개편을 할 때는 품질을 높일 수 있는 일도 포함돼야 합니다. 품질은 손님이 원하는 것이며, 이를 실현했을 때는 직원의 의욕도 높아져 그것이 돌고 돌아 마지막에는 매출로 회사에 돌아옵니다. 품질을 높이는 데 이의를 제기하는 사람은 아무도 없습니다. 그렇기에 품질 향상을 전사적으로 논의해서, 생산성을 높이는 업무 절차의 개편을 원활히 진행할 수 있습니다. 일단 작용하기 시작하면 현장은 점점 좋아지는 선순환에 들어갑니다.

현장 개편이 쉽게 되지 않는 것은 직원들이 지금까지의 업무 방법에 익숙해졌기 때문입니다. 새로운 방법은 매우 비효율적으로 느껴질 것입니다. 원래 하던 방식의 관성이 매우 강해서 새로운 방법으로 전환하는 에너지를 낼 수 없는 경우도 자주 있습니다. 게다가 개편 초기에는 아무래도 지금까지의 방식과 새로운 방식이 현장에서 뒤섞여, 직원이 양쪽에서 오는 업무의 과중을 견뎌야 하는 것도 큰 문제입니다.

다양한 업체를 살펴보면서 현장에서는 무엇을 해도 잘되지 않는 악순환과 점차 좋아지는 선순환밖에 없다는 사실을 깨달았습니다. 전사적으로 개편을 진행하면 직원들이 서로 조금씩 양보하며 부서 간 업무를 교체해서 결과적으로 개선이 돼 선순환에 들어갑니다. 반대로 직원 중 한 사람이라도 '힘든 일은 절대로 하고 싶지 않아. 만약 그렇게 된다면 이 개편은 실패야!'라고 생각하면 모든 개편이 중단돼 아무것도 개선되지 않고 회사는 악순환에서 헤어나오지 못합니다.

이렇듯 회사에는 악순환과 선순환밖에 없고, 그 사이에 있는 균형점이 가장 불안정합니다. 불안정한 균형점을 악순환 쪽에서 넘어가지 않으면 선순환에 이를 수 없습니다. 개편은 매우 힘든 일이며 경영자와 직원이 한마음으로 함께 움직이지 않으면 성공하지 못합니다. 개편의 원동력을 동기 부여에 의지해 전부 현장 직원에게만 맡긴다면 절대로 성공할 수 없습니다.

손님, 직원, 사장을 웃게 만드는 행복한 결말을 꿈꾸며

과도한 노동은 심각한 사회문제입니다. 경제 활동의 중심은 서비스업으로 옮겨졌지만 서비스업은 과도한 노동에 시달리는 산업입니다. 또한 서비스업은 손님이 있기에 매출을 올리는데, 변덕스러운 손님에게 대응하기 위해서는 현장 직원의 의식이나 역량에 의지해야 합니다.

시대적 과업인 과도한 노동을 줄이기 위한 시도마저 여전히 직원들의 노력이나 의욕에 의존합니다. 우리는 그렇지 않다고 말하고 싶겠지만 서두에서 지적한 것처럼 시간을 줄이려는 시도가 오히려 새로운 문제를 만들어서, 부담이 전부 현장 직원에게 강요되는 경우가 많습니다.

결국 인사부가 "업무에 쓰는 시간을 줄이세요"라고 목소리를 높이는 한편, 평가 제도를 이용해 "왜 매출 목표를 달성하지 않습니까?"라고 채찍질하는 일이 반복됩니다. 양쪽 모두 중요한 일이지만, 현장 직원들은 중간에서 이러지도 저러지도 못하고 막다른 골목에 몰려 있습니다. 이것은 노동시간을 줄일 적절한 방법론을 사업장에서 현장 직원에게 전달하지 않기 때문입니다. 더 큰 문제는 아무도 방법론을 모른다는 점입니다. 일을 태만하게 해서 그런 것이 아닙니다. 제조업의 생산 현장과 달리 서비스를 제공하는 현장에는 손님이 오는데, 손님의 마음을 과학적으로 다루기 어려웠을 뿐입니다. 그러나 직원의 노력과 의욕에만 의존해서는 직원 개개인에 따라 성과가 달라지며 효과도 일시적일 뿐이고 그것을 조직적으로 할 수도 없습니다.

21세기 들어 인구 감소가 본격화되면서 서비스업은 일손 부족에 맞닥뜨렸습니다. 시간 단축을 포함한 노동조건을 개선하지 않으면 채용도 힘든 상황입니다. 다음으로 심각한 문제는 손님이 부족해지고 있는 것입니다. 이로 인해 서비스업은 과도한 경쟁에 내몰리며 저가격 경쟁을 강요당하는 동시에 손님들에게는 품질을 높이라고 요구받게 돼 딜레마에 빠진 상태입니다.

이제 문제를 개선해야만 합니다. 그렇지 않으면 직원도 손님도 얻을 수 없습니다. 노동시간을 줄이면서 매출을 유지하고 늘릴 수 있는 방법을 모색해야 합니다. 그것이 바로 생산성 향상입니다. 시간 단축은 어디까지나 결과며, 그 결과를 실현하려면 생산성을 높일 수 있는 방법을 찾아야 합니다. 제가 이 책을 쓴 이유이지요.

서비스업의 효율적인 현장 관리를 위해서는 과학적 접근법이 필요합니다. 접근법의 기본은 '객관성'과 '재현성'입니다. 같은 조건이라면 결과가 같아지는 것이 재현성이고, 그러기 위해서는 객관성을 가지고 조건을 정의해야 합니다. 이는 사람이 바뀌어도 결과는 같다는 뜻이며, 이런 과학적 접근법을 현장에 도입할 때 방법론의 재현성을 통해 조직적으로 대처할 수 있습니다. 그러면 생산성을 높이는 일이 단숨에 진행돼, 시간을 줄이는 일도 할 수 있게 됩니다. 그 방법론을 어떻게든 확립하고 싶었습니다.

이 책은 지금까지 집필과 취재로 교류한 월간지 〈닛케이 톱 리더〉와 〈닛케이 비즈니스 온라인〉에 쓴 기사를 바탕으로 새로운 관점과 내용을 보충하고 '시간 단축'이라는 관점에서 정리해 탄생했습니다. 〈닛케이 톱 리더〉의 편집장 홋포 마사토 씨, 기자인 오기시마 히사에 씨에게 많은 신세를 졌습니다. 또 경제 작가 요시무라 가쓰미 씨가 정성껏 조언해주고, 딱딱한 이야기를 대화 형식으로 알기 쉽게 정리해줬습니다. 이분들에게 깊은 감사의 말씀을 드리며, 이 책이 여러 현장에서 열심히 일하는 사람들에게, 그리고 직원의 노동조건을 어떻게든 개선하려고 노력하는 경영자에게 도움이 되기를 진심으로 바랍니다.

돈이 쌓이는 가게의 시간 사용법

초판 1쇄 인쇄 2021년 8월 23일
초판 1쇄 발행 2021년 8월 30일

지은이 나이토 고 | 옮긴이 정지영
펴낸이 오세인 | 펴낸곳 세종서적(주)

주간 정소연 | 편집 박혜정 이연우 | 표지 디자인 thiscover.kr | 본문 디자인 HEEYA
마케팅 임종호 | 경영지원 홍성우
인쇄 한영문화사

출판등록   1992년 3월 4일 제4-172호
주소   서울시 광진구 천호대로132길 15, 세종 SMS 빌딩 3층
전화   마케팅 (02)778-4179, 편집 (02)775-7011 | 팩스 (02)776-4013
홈페이지   www.sejongbooks.co.kr | 네이버 포스트 post.naver.com/sejongbook
페이스북   www.facebook.com/sejongbooks | 원고 모집 sejong.edit@gmail.com

ISBN 978-89-8407-956-4 03320